Expor a música,
como linguagem,
como prática e teoria,
em todas as suas formas e estilos,
na emergência e no desaparecimento dos seus géneros,
na sua difusão e nos seus públicos,
será a meta da colecção «Convite à Música».

Pretende ser, também,
uma fonte de informação sobre a arte dos sons,
as suas correntes, os seus compositores e intérpretes.

TÍTULOS PUBLICADOS

1. *Guia dos Estilos Musicais*, Douglas Moore

2. *Diálogo com Stockhausen*, Karlheinz Stockhausen e Mya Tannenbaum

3. *Estética Musical*, Carl Daulhaus

4. *Breve Dicionário da Música*, Ricardo Allorto

5. *Pequena História da Música*, Norbert Dufourq

6. *Os Caminhos do Jazz*, Guido Boffi

7. *História da Música Clássica*, Guido Boffi

8. *Do Belo Musical*, Eduard Hanslick

9. *As Formas da Música*, André Hodeir

10. *A Linguagem Musical*, André Boucourrechliev

A LINGUAGEM MUSICAL

Título original:
La Langage Musical

© Librairie Arthème Fayard, 1993

(Os exemplos musicais foram executados por Nanon Bertrand)

·Tradução de António Maia da Rocha

Revisão da Tradução: Ruy Oliveira

Capa de Edições 70

Depósito Legal n.º 194816/03

ISBN: 972-44-1156-7

Todos os direitos reservados para língua portuguesa
por Edições 70

EDIÇÕES 70, LDA.
Rua Luciano Cordeiro, 123 - 2.º Esq.º – 1069-157 LISBOA / Portugal
Telef.: 213 190 240
Fax: 213 190 249
E-mail: edi.70@mail.telepac.pt

www.edicoes70.pt

Esta obra está protegida pela lei. Não pode ser reproduzida
no todo ou em parte, qualquer que seja o modo utilizado,
incluindo fotocópia e xerocópia, sem prévia autorização do Editor.
Qualquer transgressão à Lei dos Direitos do Autor será passível de
procedimento judicial.

ANDRÉ BOUCOURECHLIEV

A LINGUAGEM MUSICAL

edições 70

Capítulo 1

A linguagem musical

O objectivo arriscado – haverá quem lhe chame pretensioso – desta obra consiste em explorar o fenómeno musical a partir do seu interior, tentar mostrar os mecanismos íntimos da sua constituição, do seu funcionamento e da sua percepção, interrogar a forma musical como processo dinâmico, observar as estratégias do compositor no interior da obra e, por fim, evocar algumas das grandes etapas da linguagem musical em evolução, consideradas históricas.

O que nos levou a pôr de lado toda a prudência e decidir meter mãos ao trabalho foi o facto de ninguém falar da linguagem musical. É verdade que há quem a descreva exteriormente numa ou noutra das suas cristalizações históricas, geralmente em termos estáticos, normativos, afirmativos e categorizadores; trata-se de um procedimento utilizado desde o início do século XX, desde os velhos livros de Riemann sobre a forma e de Vincent d'Indy sobre a composição. Basta abri-los para verificar com espanto que este processo continua tanto no campo pedagógico como no da comunicação de massas (as capas de discos). Aí trata-se a linguagem musical viva como uma cadeia de estereótipos, e as formas não como processos individuais e activos, mas como dependendo de categorias rígidas e de esquemas formais matemáticos, num museu das formas. Quase nunca se considera a linguagem musical como um conjunto de linhas de força, das relações interactivas de tais forças nem, sobretudo, do seu funcionamento no tempo. Independentemente do estádio «nominalista» – o da descrição e da verificação –, os livros são mudos e a bibliografia vazia. As raras obras de interesse superior como

A LINGUAGEM MUSICAL

a *Introduction à J. S. Bach* ([1]) de Boris de Schloezer ou, numa linha de pensamento diferente, *Penser la musique aujourd'hui* ([2]) de Boulez merecem toda a nossa atenção, mas não chegam para fundar uma bibliografia sobre este assunto. A obra de Schloezer, austera mas acessível, é mais um ensaio de estética musical, efectuado com rigor exemplar, do que uma investigação da linguagem; com ela a nossa geração aprendeu a reflectir. Embora tenha sido publicada em 1947 e tenha envelhecido, mais nenhuma lhe seguiu as pisadas. *Penser la musique aujourd'hui* de Boulez – com cerca de quarenta anos – ainda merece a nossa atenção, mas restringe-se ao serialismo tal como o autor o praticou; o seu método é directivo e normativo quanto às opções e gestos do compositor. Entretanto, é evidente que o pensamento musical actual tem tratado de linguagem musical; mas, infelizmente, a reflexão dos compositores, dos intérpretes e dos raros investigadores que se aventuram neste domínio está dispersa por numerosos artigos ou entrevistas ao longo deste meio século e geral-mente centrada em problemas particulares. Apesar de o ouvinte apaixo-nado pela música (que – depois de ter superado o estádio da simples fruição deleitosa – quer conhecer a sua linguagem e participar mais no seu funcionamento) não ter nenhuma obra que o possa orientar, que não seja de divulgação grosseira ou de tecnologia especializada reduzida a um problema. Um trabalho de síntese sobre a linguagem musical e sobre a sua acção, que expõe modelos aplicáveis a todos os idiomas e a todas as épocas, vale bem o risco enorme de ainda hoje o tentar.

Antes de abordar a linguagem musical em si mesma, os seus mecanismos e o seu funcionamento, interrogando-se incessantemente sobre o tratamento do tempo como fundador de todo o problema sonoro, devem-se recordar determinadas propriedades fundamentais da música e enfrentar certos preconceitos bem como alguns mal-entendidos constantemente evocados.

A MÚSICA É UMA LINGUAGEM?

O termo «linguagem musical» faz parte do nosso vocabulário do dia--a-dia. A música será uma linguagem? Como se situa em relação à linguagem falada? Se, ao contrário desta, a música é estranha ao sentido racional ou antes, como diz Jacobson, se «a música é uma linguagem

---

([1]) Boris de Schloezer, *Introduction à J.S.Bach,* Gallimard «Idées», 1947, 1979.

([2]) Pierre Boulez, *Penser la musique aujourd'hui,* Gonthier, 1963, Gallimard «Tel», 1987.

A LINGUAGEM MUSICAL

que se significa por si mesma», pode dizer-se que, como a linguagem falada, a música é um sistema de diferenças (uma noção basilar que retomaremos); e que, ainda como a linguagem falada, a música também tem uma sintaxe, seja qual for a multiplicidade das sintaxes musicais de diversas épocas. Entretanto e ao contrário da linguagem falada, a música não está ligada a significados, directos ou simbólicos.

Mas será realmente vital saber se a música é ou não uma linguagem? É óbvio que é um sistema de ligação entre os homens e que é imenso o seu poder agregador. Contudo, fazer a comparação destes dois sistemas, o falado e o musical, e as suas especificidades, é abrir novos caminhos e formular novas questões.

Tem a música, tal como a linguagem falada, um sentido? A resposta (afirmativa) surgirá naturalmente, bem recheada de todas as espécies de conotações fantasistas. Hoje atormenta muitas consciências e obriga-nos a viver num mal-entendido permanente. É que esta noção do sentido é manipulada pela música de maneira muito perversa; o ouvinte, embora saiba que não é literal como na linguagem falada, faz de conta que é e até se esforça constantemente por atribuir à música significados mais ou menos precisos. Em compensação, o facto de o verdadeiro sentido da música lhe ser imanente e de se remeter à própria música na qual é ilusório querer encontrar racionalidade provoca resistências, mesmo que isso seja verdade e tanto mais verdadeiro quanto, deste modo, se realça a singularidade absoluta do sentido de cada obra musical. Mas este modelo demasiado puro é subvertido por outros elementos, por determinados códigos e figuras ou, até, por certos gestos sonoros e pelas reacções que estes suscitam no ouvinte. Estas reacções a elementos que se confundem com o sentido, podem variar consoante as pessoas, até de uma audição e mesmo de uma hora para a outra.

Com efeito, existe uma semântica musical elementar que pode gerar confusão na medida em que pode inflectir ou «colorir» aquilo que ela identifica como «o sentido» (mas que não é). Funciona a um nível muito sumário e sobretudo muito genérico, ao passo que o sentido imanente é absolutamente singular e irredutível a um sinal, a uma fórmula. Esta semântica elementar manifesta-se através de figuras que passaram pela história e chegaram até nós (a música de Schönberg, mesmo a serial, ainda lhe deve muito; a de Webern também, embora menos); ao longo do século XVIII, havia um catálogo destas figuras-fórmulas para uso dos compositores; coisa que, aliás, cabia em poucas páginas. Entre as

A LINGUAGEM MUSICAL

figuras mais utilizadas (e com maior certeza de produzir o efeito desejado), pode citar-se, como exemplo, o cromatismo descendente que indiferentemente conota a tristeza, o desgosto e o luto; ou, inversamente, as figuras ascendentes por intervalos mais largos, ritmicamente impelidas para a nota mais aguda que, à escolha, conotarão o heroísmo, a vontade, a alegria e o orgulho de si próprio – ou desejo de amar, de matar. Mas que alegria ou que heroísmo? Permanecem indeterminados, muito gerais. Para mais, podemos encontrar os mesmos tipos de figuras num grande número de obras escritas em épocas diferentes (os exemplos são abundantes). Por aqui se vê a que nível convém situar esta semântica que, para não ser inútil, jamais deverá ser confundida com o sentido. É que a questão do sentido não se limita a estas considerações, a estes avisos contra o fetichismo da «figura significante». Revelar-se-ia então a resposta na forma cujo sentido seria «o conteúdo»? Há muito que o antigo modelo dito «de caçarola» foi abandonado: em rigor, foi considerado vazio de qualquer... sentido.

Ainda numa perspectiva dualista, preferiu-se o modelo inverso, em que o sentido gravitaria à «volta» da estrutura, como uma emanação desta, como a nuvem de açúcar, chamada nas feiras «algodão-doce», gravita à volta do pauzinho que a sustenta (a forma). De qualquer modo, é um modelo mais aberto: deixa espaço ao destinatário, à sua imaginação pessoal (e ao seu apetite) – o sentido. Mas porque se quererá atribuir, num ou noutro modelo, um lugar imperativo ao sentido que é simultaneamente omnipresente e inefável? Se se pode e se deve compreender o sentido singular de determinada música, isso não quer dizer reflecti-lo para fora dela, nem «traduzi-lo», mas estar com ele. Estamos doentes devido a dois séculos de vã procura de uma «significação», de um sentido racional da música cuja linguagem seria o «portador»... Ora, em música, nada é portador de outra coisa.

EXPRIMIRÁ A MÚSICA SENTIMENTOS?

Tristeza, alegria, raiva, desejo... Quantos sentimentos? Já vimos que havia uma estereotipia (muito limitada) do sentido psicológico, não partilhado com o sentido musical. Convencionou-se dizer que a música exprime sentimentos – os do compositor, especialmente. Ora, todo o mal-entendido provém desta ideia. E até será mais justo afirmar que ela *o gera*. Trata-se da força de impacto destes sentimentos, derivados da composição e não da sua origem real ou imaginária e da sua transmissão ilusória. Porventura será preciso estar-se apaixonado para se compor um

A LINGUAGEM MUSICAL

canto de amor ou loucamente apaixonado para se compor um belíssimo canto de amor? Sobretudo, é preciso ter talento para a composição musical. Estar apaixonado pode ser um estimulante momentâneo, mas nunca será uma *mais-valia* de ordem estética. Aliás, que nos interessam os sentimentos do compositor (que, como diria Barthes, não passa de um «senhor»)? Houve muitos apaixonados, mas só um escreveu *Tristão*. A menos que consideremos que os amores dos grandes artistas são «superiores» aos outros – o que pode, muito inocentemente, conduzir a um fascismo estético ou, pelo menos, a um culto da personalidade que, em todo o caso, nada tem a ver com o musical.

Eis porque a «sinceridade» não é uma categoria estética, mas uma categoria imbecil. Todas as pessoas são sinceras, a começar pelos imbecis. Sincero em quê? Numa confissão pública «autêntica» (a obra) que pagamos para ouvir? Mas a crítica ainda atribui muito valor à «autenticidade», à «sinceridade» e à «vivência», categorias ocas de sentido, enganadoras e vagamente moralizadoras. Todas estas considerações são extraídas de um domínio a que não temos verdadeiro acesso e que inventamos, por não podermos penetrar nele. Porque, ao que nos parece, é preciso distinguir entre génese e estrutura antes de sonharmos – sujeitando-nos a riscos e perigos – em relacioná-los, ainda que fantasmaticamente. Não podemos conhecer a génese da obra, o impulso criador que lhe preside, as causas e as circunstâncias que estimulam a sua feitura (sentimentos, dinheiro, encomenda, ambição ou, simplesmente, desejo de escrever para piccolo, contrabaixo e percussão), enfim, a inspiração, o encantamento mais irredutível a qualquer definição e rebelde a qualquer saber. Quando muito, podemos ter a ilusão de nos aproximarmos da génese por meio de tentativas históricas, psicológicas ou estilísticas; será escusado enganar o protocolo, pois ficaremos fora do processo criador que, aliás, é absolutamente singular e variável, consoante os artistas e as obras. Ou não será bem assim? Quando pretendemos analisar tudo, penetrar em todas as coisas com a razão e classificar tudo em categorias, deixemos o processo criador – isto é, os milhares de processos criadores individuais – permanecer fechado em seus segredos, invioláveis nem que seja pela sua diversidade.

A génese de uma obra escapar-nos-á também pelo facto de não conhecermos o seu autor. *De quem se trata?* Será deste «senhor» de quem falam as biografias, enumerando estudos, sucessos, fracassos, episódios, amores e ódios? É este «eu» vulgar? Não: é um outro – é um «eu» que o artista encarna pelo acto da escrita, um «eu outro» no qual se transcende

A LINGUAGEM MUSICAL

o «eu» familiar. Só a obra no-lo designa, invisível, e nos fala dele. Não se trata de não podermos ser atraídos pela personalidade do artista, pelas suas palavras, feitos e gestos, pelos seus retratos, pelas suas cartas e amores. Se a obra é um corpo, vivo a actuante, também o compositor é um corpo, frequentemente muito presente, fascinante e intrigante. Sem dúvida coincide com o conjunto da sua obra, assemelha-se-lhe – é a obra de *Fulano*. Mas compreende-se rapidamente que é ilusório pretender estabelecer analogias, traço por traço, sincronias com «a vida». A obra esforça-se por denunciar, por confundir estas ilusões? Apressamo-nos a restabelecê-las contra todas as evidências. A surdez que surge em Beethoven – o exemplo mais elucidativo a este propósito – confessada nalgumas das suas cartas e no Testamento de Heiligenstadt (Outubro de 1802) situa-se entre as *Segunda* e a *Terceira Sinfonias,* que ainda não têm o mínimo indício do drama que se desenrola...

A obra conseguida e, portanto, a estrutura, é a única realidade que se levanta diante de nós, com a qual podemos dialogar, que podemos interrogar e sobre a qual podemos dizer alguma coisa. E associar, livremente. De facto, quanto mais arbitrária e discutível for a crítica que procura interpretar uma obra em função da vivência, tanto menos o serão as associações – imagens, ideias, sentimentos e fantasmas – que a obra suscita em nós. Quem ousará dirigir os sentimentos que a obra provoca em nós, quem ousará dizer se são «justos» ou não? São realidades, intangíveis e sem hierarquia. Mas o século XIX viveu de comentários que as associações pessoais de alguns oráculos patenteados davam por outras tantas verdades; e ainda existem entre nós alguns vestígios dessas práticas... Direis (exemplo favorito) ao velho granadeiro de Napoleão que, ao ouvir o início da *Quinta* de Beethoven, se põe em sentido e grita «Viva o Imperador!», que está muito enganado com a associação que faz? E que, de facto, se trata do «Destino que bate à porta» – frase que, segundo parece, é do próprio Beethoven, mas que não faz qualquer sentido: que destino? O Destino, noção ligada à tragédia, não tem nada a ver com uma obra que é a própria vida, a pulsão de vida, a alegria e... o poder. Ninguém está habilitado – nem mesmo e sobretudo, o próprio autor – a intrometer-se com os sentimentos e as associações que a sua música gera, a escolhê-los ou até a conhecê-los; estes não estão sujeitos a qualquer juízo de valor.

PALAVRA E MÚSICA

Embora se possa perceber com bastante clareza os diferentes níveis de sentido na chamada música pura, o mesmo não acontece com a música

A LINGUAGEM MUSICAL

vocal; palavras e música mantêm nela relações complexas, ambíguas e, em todo o caso, irredutíveis a um preconceito a favor do primado de uma ou de outra. De resto, o debate perdura, sem solução, há já quatro séculos.

Haverá na obra vocal um sacrifício necessário, uma «assimilação completa de um dos dois sistemas [a palavra] pelo outro [a música]», tal como pretende B. De Schloezer ([3])? Ou pelo contrário, a música existirá para casar com o texto e o seguir e, fazendo isso, o «ilustrar»? É o caso, segundo se crê, da música barroca – certamente por razões «expressivas» (estamos na época do nascimento da ópera), mas sobretudo por razões estruturais, suprindo a falta da polifonia. Outro caso: uma correspondência estrutural rigorosa, independentemente do sentido do texto, entre a forma deste e a forma propriamente musical bastará para criar uma relação orgânica entre as duas e, mais comummente, para justificar o recurso à poesia? Desde que, afirma Boulez, o texto seja «centro e ausência» ([4]) da obra: centro da forma que ele determina, mas diminuição do sentido de que é portador. A falta espreita esta concepção ou, melhor, esta elegância esquiva. Será para fazer uma muleta da imaginação musical que se recorre a um texto poético? Todavia, Boulez evoca o «tecido de conjunções» que o músico deve tecer entre o texto e a música e que, «entre outras, comporta as relações afectivas, mas engloba, além disso, todos os mecanismos do poema, da sonoridade pura ao seu estilo inteligente». Este referir-se-á ao tratamento da prosódia? Será mais isto pois, Boulez, ao contrário do que muitas vezes se afirma por ignorância, é um mestre da prosódia francesa no canto, tanto quando este explode em vastos vocalizos ou se fecha até ao silábico, tal como no-lo testemunha especialmente a sua obra *Pli selon pli*. É verdade que, quanto à forma, o músico tem toda a liberdade para se apoiar no suporte que quiser, real ou teórico; se há uma forma-sonata, por que não poderá haver uma forma-soneto? Seja como for, vê-se muito bem como o músico procura fugir à mimese musical, a todas as tendências «ilustrativas» do sentido do texto (este, no entanto, continua no lugar restrito que lhe foi atribuído). Um procedimento extremo consistiria em reduzir totalmente ao silêncio, em retirá-lo da obra, deixando vazia a marca dos seus significantes, como fez Heinz Holliger com poemas de Celan... Este fascínio do abismo priva o músico da poesia de Celan, mas surge, então, como uma experiência nos seus limites, louca e irresistível e sem sequência.

([3]) *Op. cit.*
([4]) «Son et verbe», in *Relevés d'apprenti,* Le Seuil, 1966.

A LINGUAGEM MUSICAL

Se observarmos a que ponto estas indicações sobre a relação texto-
-música – há milhares – são diferentes ou até contraditórias, veremos
sobretudo que chegam todas (excepto a de Holliger) ao mesmo resultado:
numa obra vocal digna deste nome há uma colusão fecunda de dois
sistemas ([5]), desde a aurora dos tempos, apesar de todos os paradoxos
que esta colusão possa aparentemente manifestar.

Entre estes paradoxos, o da compreensão do texto no canto não é, de
maneira nenhuma, o menor. É quase inevitável que na sua passagem ao
canto, o sentido racional da palavra fique mais ou menos ameaçado,
mais ou menos maltratado, mais ou menos oculto. Embora a palavra
continue – idealmente – clara e perceptível na monódia, nas admiráveis
Songs com alaúde de Dowland, nas canções francesas desde a Idade
Média, nas canções a *voce sola* dos italianos da Renascença e do Barroco
ou no *Lied* (sobretudo no *Lied* do século XIX em que a voz é acompanhada
por um instrumento que lhe é heterogéneo – o piano), basta uma ornamentação um pouco mais carregada, um vocalizo que o arrebate ou uma
dicção imperfeita para comprometer a sua percepção, sem, no entanto, a
existência da obra ser ameaçada. E que dizer do canto a várias vozes e, *a
fortiori,* da polifonia coral em que o sentido do texto se perde imediatamente? Contribui para isso a desenvoltura com que o músico polifonista
trata a palavra, fazendo-a brilhar em vocalizos assimétricos ou repetindo-
-a indefinidamente até a arrancar ao seu contexto (há fugas muitíssimo
sumptuosas sobre o Á de «Ámen»). Apesar disso, o sentido – um novo
sentido, resultante da fusão do som e do verbo [da palavra] – passa,
ultrapassa o sentido racional e pode alcançar, como diz Ruwet a propósito
das *Bodas* de Stravinsky, uma dimensão cósmica. Convém não só captá-
-lo, mas também compreendê-lo, independentemente do sentido racional,
atingindo assim a compreensão do texto cantado. Por outras palavras: a
obra vocal faz aparecer um sentido que, por natureza, lhe pertence, que
já não é o sentido inefável da música nem, de modo algum, o sentido
racional significado pelo texto e que resulta da fusão dos dois na obra.
Desde que a compreensão do texto não se mostre obrigatória (e raramente
o é), descobre-se não só a inutilidade da sua tradução, mas também as
consequências nefastas desta. Com efeito, é muito provável que o sentido
da obra vocal passe melhor na versão original do texto do que numa
tradução porque, para esta ser razoavelmente compreensível (pelo menos

---

([5]) Nicolas Ruwet mostrou que o sistema linguístico e o sistema musical são perfeitamente compatíveis (*Langage, musique, poésie,* Le Seuil, 1972).

A LINGUAGEM MUSICAL

em teoria), trairá a estrutura íntima do canto. «No plano linguístico – diz Ruwet –, as necessidades musicais e os problemas de acentuação por exemplo [ou seja o ritmo!] quase inevitavelmente tornarão a tradução pobre e sem graça; no plano musical, a fonética da língua original, nomeadamente o timbre da voz, tornou-se parte integrante das estruturas musicais». A ópera, em especial, nos casos mais frequentes em que é adoptada ou encomendada, enfrentou esta (falsa) problemática do texto original; e quando, finalmente, a instituição conseguiu adoptar em todo o mundo a versão não traduzida dos livretos (preservando, assim, a sua qualidade musical: acentos, timbre, etc.), ainda continuou a ter de resolver o problema-fantasma da compreensão literal. Diz-se que a legendagem é a melhor forma de o conseguir. No entanto, embora se deixe intacta a totalidade da partitura musical, este processo perverte a audição, ao desviar a atenção para a leitura do texto – um texto, aliás, pobre porque abreviado para a leitura rápida... Estamos na «era da comunicação».

Além disso, há uma infinidade de factores laterais que concorrem para a inflexão das relações sensíveis e variáveis da palavra e da música, e para modular o seu sentido. São nomeadamente as qualidades específicas da voz – infinitamente diferentes –, as suas cores, os seus registos, as suas maneiras de emitir e de articular, sempre únicas, que fazem com que a voz não seja mais um entre muitos instrumentos, mas um valor em si mesmo, por vezes muito presente, nunca indiferente («Seguiria Pavarotti até ao fim do mundo», ouve-se dizer: é a plena erotização da voz). Depois, há as interferências externas ao canto (rituais e cénicas) que desviam o sentido do canto e, com frequência, o substituem... É claro que também existe a interpretação vocal, tão pronta a sobrevalorizar ou a tirar valor, por exaltação ou desinteresse, à palavra cantada. Não resistimos a citar aqui dois fragmentos de um texto célebre de Barthes ([6]) sobre «A Arte Vocal Burguesa»: «Esta arte é essencialmente *sinalética,* não se cansando de impor, não a emoção, mas os signos da emoção. É precisamente o que faz Gérard Souzay: tendo, por exemplo, de cantar uma *tristesse affreuse* (tristeza horrorosa), não se contenta nem com o simples conteúdo semântico destas palavras nem com a linha musical que as sustenta: sente necessidade de dramatizar ainda a fonética do *affreux,* de suspender e de fazer em seguida explodir a dupla fricativa, desencadeando a infelicidade na própria espessura das letras; ninguém pode ignorar que se trata de horrores

---

([6]) Roland Barthes, «L'art vocal bourgeois», in *Mythologies,* [*Mitologias,* pp. 158-160, Edições 70].

A LINGUAGEM MUSICAL

particularmente terríveis. Infelizmente, este pleonasmo de intenções abafa tanto a palavra como a música, e principalmente a sua adequação mútua, que é o próprio objecto da arte vocal». E Barthes acrescenta noutro ponto: «É por isso que a interpretação de excelentes virtuosos [nos] deixa tão frequentemente insatisfeitos: o seu *rubato*, demasiado espectacular, fruto de um esforço visível de significação, destrói um organismo que contém escrupulosamente em si mesmo a sua própria mensagem». É claro que estas considerações contêm uma grande parte de verdade. Mas não quanto ao «organismo que contém escrupulosamente em si mesmo a sua própria mensagem». Porque a interpretação, não obstante esta ameaça do «exagero» que ela contém, não saberia, apesar de tudo, confinar-se à literalidade do texto musical; a objectividade, além de ser utópica, é na circunstância nefasta.

A interpretação é desejo; *quid* [essência] de um desejo «objectivo»? Entre a sobrecarga afectiva e o fantasma da «objectividade», há uma zona que o intérprete deve trabalhar, sob pena de morte da obra. Voltaremos a este assunto.

É impossível enumerar os mundos que o canto gera para lhes pagar tributo. Por isso é que, quando se buscam modelos de funcionamento da linguagem musical, se é obrigado a procurá-los na chamada música pura: o universo da música vocal é demasiado ambíguo, muito relativo, bastante rico e muitíssimo complexo.

A DEFINIÇÃO COMO PROGRAMA DE PROSPECÇÃO

O que é a música? Desde a China antiga («a música é o que une») que não se cessa de propor definições, embora sem grande sucesso, a ponto de parecer que isso é impossível. De facto, a definição ideal de uma arte, que se aplique a todas as suas situações imagináveis e, sobretudo, inimagináveis, e que permaneça válida ao longo da história, é sem dúvida utópica; haverá sempre alguma falha. Mas, supondo que se consiga uma definição, que se faria com ela? Eventualmente, uma linguagem para o prospecto, um programa para a publicidade. Também a reclamámos no nosso seminário na *École normale supérieure,* e fomos levados a propor uma, a menos palavrosa possível, de modo algum a menos imperfeita, mas cujos termos fossem operacionais. Porque não é a certificação que visamos, mas a produção de modelos o mais próximos possível do fenómeno musical, a fim de se poder perceber os seus elementos e as suas relações, e sobretudo entrever o seu funcionamento no tempo. Esses modelos de trabalho medem-se pela sua utilidade, porque se trata de os

A LINGUAGEM MUSICAL

interrogar palavra por palavra, de os fazer falar, de julgar o que terão para nos dizer e, na circunstância, de considerar a sua mensagem como operacional.

Portanto, a música seria um sistema de diferenças que estrutura o tempo sob a categoria do sonoro. Vejamos isto palavra por palavra.

Sistema: a música é realmente um sistema; é, portanto, um conjunto coerente que obedece a princípios, sejam eles quais forem (os do sistema modal, tonal e serial ou então os que o compositor inventar); na circunstância, devemos entender por sistema o sistema gramatical em que a obra se inscreve e, ao mesmo tempo, a própria obra em si mesma, enquanto sistema. Não iremos estudar todos os sistemas musicais conhecidos e, menos ainda, os que incessantemente vão nascendo no espírito dos compositores e que eles ostentam como flores na botoeira da lapela do casaco. Limitar-nos-emos, lá mais para diante, a levar em conta os dois sistemas mais familiares no mundo ocidental: o tonal e o serial.

Contudo, também há casos de "não-sistemas" que actualmente ninguém pode ignorar, nomeadamente o caso de John Cage e dos seus numerosíssimos discípulos. Cage não pode nem quer, pelo menos oficialmente, intitular-se compositor, não só pela sua recusa em se inscrever nalgum sistema, mas também pela renúncia a qualquer sistema pessoal – a não ser que o acaso na música seja considerado um sistema, o que é mais que duvidoso. Os sons de Cage provêm do lançamento dos dados ou das peças do *I-Ching* (jogo chinês de «adivinhação»), através do qual Cage quer abolir todo o voluntarismo na arte e atingir a despersonalização. O seu objectivo imediato é aniquilar toda a relação entre os sons como, por exemplo, mergulhando-os em silêncios desmesurados – permanecendo, assim, no campo sonoro, mas abandonando o musical, opondo-se a qualquer abordagem estética. Este Zen (interpretamo-lo assim), falecido em 1992, deixou numerosos discípulos não somente na música, mas também nas artes plásticas e na dança (Cunningham e Rauschenberg, entre outras celebridades). É relativamente fácil zombar de Cage (até porque ele, por vezes, nos incita a isso deliberadamente). Mas parece-nos que seria melhor reflectir ([7]) sobre este universo isento de qualquer desejo de poder que ele habitou, com Satie e alguns grandes pintores.

([7]) Ver a obra que Daniel Charles lhe consagrou: *Gloses sur Jonh Cage,* UGE (10/ /18) 1978.

A LINGUAGEM MUSICAL

A diferença

Agora convém examinar as relações musicais do ponto de vista da diferença. Fabricada pela linguística, a noção de diferença – esta *otherness* [alteridade], como diz Jacobson – foi introduzida na música por Stockhausen nos anos cinquenta do século XX (independentemente dos linguistas), com o nome de *Veränderungsgrad* – grau de diferença. É verdade que a música existe e mantém a sua marca desde a aurora do tempo; mas, neste caso, trata-se de uma conceptualização que é operacional, não vazia, porque a diferença pode ser – tanto consciente como inconscientemente – manipulada como se quiser, por não ter conseguido fixar um significado, ao contrário do que acontece com a linguagem falada. Por isso, conhecerá graus de mudança (desconhecidos na linguagem falada em que um gato é um gato), neutralizações ou ênfases totais ou parciais e, sobretudo, inscrever-se-á nas relações qualitativas, grosseiras ou delicadas, no meio de uma infinidade de contextos, que constituem a própria alma da música. A produção de diferenças é sinónimo do acto de composição como também, aliás, dos actos de interpretação e de percepção. Compor música, executá-la ou ouvi-la é produzir ou reproduzir diferenças nas suas infinitas cambiantes e gradações, inflecti-las numa leitura tão sábia quanto amorosa, em suma, julgá-las e apreciá-las enquanto se ouvem, o que, aliás, a percepção faz com uma precisão incomparável.

Deste modo, a música *estrutura* o *tempo* – isto é, põe em jogo e submete à nossa percepção um conjunto de relações diferenciadas. Este tempo é diferente do "cronos" que passa e é mensurável. Tem uma vida autónoma com a qual somos chamados a coincidir. Quanto a colocar-se *na categoria do sonoro,* será necessário aperfeiçoar um pouco mais a definição. É certo que, na maior parte dos casos, o sonoro se manifesta explicitamente, acusticamente. Mas pode também manifestar-se sem passar pelo meio que o torna audível; pode «ouvir-se» uma obra com o ouvido interior, lendo-a [na partitura] (como se lê um livro); isto está reservado aos profissionais. Ler assim *A Arte da Fuga* é uma actividade deleitável. Em contrapartida, ler os românticos – que praticam uma arte muito mais encarnada quanto ao timbre – é sobretudo redutor.

ELEMENTOS MUSICAIS E DIFERENÇA

Na linguagem musical distingue-se um certo número de elementos fundamentais (a musicologia dos compositores – uma ciência bastante esotérica – abusou um pouco do termo «parâmetros» que, aliás, tende a pôr de lado). Estes elementos são: as alturas, as durações, as intensidades,

A LINGUAGEM MUSICAL

os registos, os timbres, as massas e os modos de ataque [ou execução]. Examinemo-los brevemente, mesmo sabendo que teremos de voltar ao assunto a propósito das suas ordens hierárquicas.

Só é possível falar de *alturas* dos sons se tivermos em conta a harmonia em que se inscrevem (embora na música serial se considere que as alturas só se relacionam entre si – afirmação schönbergiana actualmente discutível). Por isso, convém inscrever as alturas num campo aberto não só ao vertical (acordes) mas também ao horizontal (linhas melódicas) – e representar as alturas nestas duas espécies, uma ou outra das quais será eventualmente privilegiada. As diferenças de alturas são certamente apreciáveis – aproximativamente – como distâncias diferentes umas das outras, mas sobretudo, com mais precisão, mediante o critério da sua pertença ou da sua posição harmónicas: um movimento de terceira maior ou de sétima menor, por exemplo, tem realmente o seu sentido – mesmo em música serial – em relação a um determinado código, seja a tonalidade de *mi maior* ou a série de uma cantata de Webern (o que não é a mesma coisa).

As *durações* (que não são o ritmo, como adiante se verá) são factores de diferenças muito poderosos. Ligados à harmonia na música clássica, tendendo a emancipar-se com Beethoven sem, contudo, ultrapassar um limiar de dependência mantido até à véspera do aparecimento do serialismo, conheceram uma espantosa autonomia no tempo do Barroco e, ainda mais, na Idade Média. A isorritmia de Machaut (um modelo invariante de durações, desenvolvido até ao infinito em alturas que vão mudando) é o estado mais ferozmente autónomo deste elemento, impenetrável aos outros; o mesmo acontece no serialismo integral (aplicado a todos os elementos, alturas, durações, intensidades e ataques) em que as durações, como tudo o mais, ignoram *a priori* todo o contexto fora da sua série (Boulez). Como adiante se verá, só Stockhausen tentou, a partir dos anos cinquenta do século XX, aproximar durações, alturas e espectros ([8]) num único pensamento – e numa obra – altamente especulativos e audaciosos *(Gruppen)*. Mas não prosseguiu neste caminho (trabalhado na *Pièce X*

([8]) Espectros: em resumo, são os conjuntos *fundamental + harmónicos,* de que se constituem todos os sons, desde que a fundamental – que dá a altura – seja muitíssimo mais audível do que os harmónicos; estes dão aos sons as suas características, as suas cores (mais adiante voltaremos a este assunto). Assim, o espectro da flauta é mais simples e regular do que o – muito complexo – da trompete, e o do tantã que é desordenado e já muito próximo do ruído.

para piano) e preferiu, depois, regressar aos modelos clássicos mais elementares. *Gruppen* e *Pièce X* serão comentados no capítulo seguinte.

A diferenciação das durações é extremamente subtil e delicada: pode multiplicar-se uma duração mínima tomada como base (por exemplo a fusa) por 2, 3, 4, *n*... e, deste modo, chegar à duração-limite oposta que se tiver fixado (por exemplo a semibreve, composta por 32 fusas). A divisão de uma grande unidade de base (por exemplo a semibreve) por 2, 3, 4, etc., constitui o processo inverso e dá lugar, em metade dos casos, a valores chamados "irracionais" (tercina ou tresquiáltera, quintina, etc.). Seja como for, o tempo [andamento ou rapidez de execução] relativiza as durações, abrindo-lhes assim um leque muito largo (é evidente que uma semibreve num tempo ou andamento lento é muito mais longa do que num tempo rápido). E o metro [ou medida] agrupa-as em conjuntos iguais ou desiguais (variáveis). Ao mesmo tempo, este metro (o antigo *tractus*), marcado pela barra de compasso, transforma-se em acento cumulativo (tempo forte, tempos fracos).

As diferenças de durações, sejam elas pequeníssimas ou enormes

Ex. 1 – Messien: *Les Mains de l'abîme*

(com todas as proporções intermediárias), são agentes expressivos de primeira importância. Chama-se-lhes *ritmo*. Actualmente, esta designação já entrou no uso, sendo, por isso, inútil corrigi-la ou denunciá-la; portanto, empreguemo-la. Mas é preciso alargá-la consideravelmente porque, como se verá, o ritmo é uma realidade muito mais vasta, que não se pode reduzir a uma compatibilidade das durações. Voltaremos a este tema, depois de termos definido todos os outros elementos da linguagem musical.

As *intensidades*. Em regime tonal clássico, estão mais ou menos sujeitas à harmonia. Quando se lhes confere alguma autonomia (a partir de

Mozart e Beethoven), tornam-se produtoras de grandíssimas diferenças; por outras palavras, são meios expressivos de primeira grandeza. Os intérpretes usam muitíssimo as variações de intensidade dos textos, exagerando (em geral com razão) um crescendo ou um pianíssimo repentino. Entretanto, este elemento, comparado com as durações (por exemplo) surge, paradoxalmente, como bastante grosseiro: consideram-se audíveis ou executáveis em cerca de oito graus as diferenças destes patamares: *ppp – – pp – p – mp – mf – f – ff – fff*. Contudo, diferenças suficientes para relativizar tudo o resto!

Uma das funções importantes da intensidade consiste na sua participação no timbre de um complexo sonoro. Este fenómeno pouco conhecido – excepto intuitivamente pelos intérpretes – e insuficientemente conceptualizado, é realmente capital. Da distribuição e da diferenciação minuciosa das intensidades dentro de um acorde depende a sua sonoridade, tanto na música clássica como na do século XX. Debussy, especialmente na sua música de piano, recorre a dosagens subtis de intensidades, à primeira vista estranhas. É por isso mesmo que esta música "soa de maneira diferente", produzindo encantamento, quando tocada por um pianista que saiba interpretá-la neste sentido (Gieseking). Por isso, percebe-se porque é que, em Debussy, falsear uma intensidade será possivelmente mais grave do que falsear uma altura. Actualmente, foram Messiaen *(Mode de valeurs et d'intensitées)* e Stockhausen, na sua esteira, que estiveram mais perto da questão, ao produzir ligaduras com intensidades internas desiguais.

Ex. 2 – Stockhausen: *Klavierstück n° 2*

Se as intensidades não têm mais do que oito graus (doze em Boulez, para as necessidades de equivalência numérica com as alturas), os *registos* têm ainda menos: fala-se de grave, de médio e de agudo, em rigor de extremamente grave, meio-grave e superagudo, como nesta passagem fulgurante da *Sonata op. 111* de Beethoven que valeria muito pouco sem as suas diferenças espectaculares de registo:

Ex. 3

A *massa* é um elemento de que, curiosamente, não se fala; o teórico clássico pouco se interessa por saber se um acorde é composto de três sons ou de dez – só contam a sua função harmónica e a sua posição. É verdade que a massa é percebida de maneira bastante aproximativa, mas a percepção pesa-a, avalia-a e compara-a constantemente com o contexto. Aliás, um nada a compensa – uma diferença de registo na massa "um" (por exemplo)

Ex. 4 – Beethoven: *Sonate op. 7* (largo)

mas enquanto ligada a todos os outros elementos, é susceptível de modificar completamente a sua execução.

O *timbre,* por fim, como elemento activo, emergiu relativamente tarde, só depois de Bach. É bastante difícil de representar e ainda mais difícil de analisar, sobretudo se não o considerarmos apenas proveniente de sons instrumentais puros ou amalgamados. É evidente que os contrastes instrumentais produzem diferenças de timbre facilmente perceptíveis e poderosamente eficazes. As alternâncias das madeiras, das cordas e dos metais são utilizações elementares delas e a passagem célebre da *Heróica* de Beethoven constitui um exemplo clássico em que a progressão do tempo é assegurada pelo timbre:

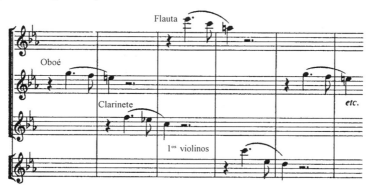

Ex. 5

No entanto, independentemente destas situações simples e das sábias combinações instrumentais – cujos campeões foram Berlioz, Strauss e Debussy – põe-se a questão da *escrita do timbre,* da sua concepção e das suas técnicas, porque o timbre escreve-se, mesmo que seja para um único instrumento. É o que há de mais difícil de explicar. Enfrentemos o risco – e o tempo.

Em primeiro lugar, é preciso esclarecer que a questão só se colocou depois de meados do século XX; isso porque a tomada de consciência do timbre como escrita foi lenta a manifestar-se e, com ela, os instrumentos concebidos para este efeito. Porque a antiga definição do timbre – «aquilo que diferencia dois sons, em que todos os elementos são, aliás, iguais» – é uma definição "por defeito", de resto obscurantista, o que diz muito sobre o estado da reflexão musical... Foram os compositores seriais do pós-guerra que puseram o problema, se não com um rigor científico, pelo menos com imaginação bastante para esclarecer e enriquecer a audição. Evidentemente, isto não quer dizer que a escrita do timbre (no piano, nomeadamente) não existisse anteriormente. Beethoven dá-nos famosos exemplos (ver adiante). Mas não poderíamos analisá-los sem possuir os meios teóricos, nem que seja, ao menos, uma hipótese sobre *o timbre como função do tempo.* Não entrando (por agora) nestes labirintos, podemos explorar um pequeno conjunto de modelos tirados de Beethoven (servindo-nos de uma nossa obra anterior [9]).

([9]) André Boucourechliev: *Essai sur Beethoven,* Actes Sud 1991.

No início do primeiro movimento da *Sonata op. 53*, chamada "Waldstein", Beethoven escreve:

Ex. 6

Retomando imediatamente este tema (mas será realmente um tema no sentido clássico do termo? Dir-se-ia antes uma cor), ele duplica as durações:

Ex. 7

Porquê?

No primeiro exemplo, as colcheias davam ao som uma certa qualidade, uma pulsação temporal relativamente lenta. No segundo exemplo, Beethoven quer mudar esta qualidade por intermédio do tempo (do ritmo) e, isso "soa de maneira diferente"... São esses os exemplos rudimentares; também passaremos de duas paragens rítmicas para três camadas rítmicas sobrepostas, no movimento final desta mesma *Sonata:*

Ex. 8

Distinguimos aqui claramente estas três camadas. A mais "lenta" encontra-se no agudo. É caracterizada pelos seus valores de semínimas e de colcheias; além disso, é portadora da melodia. A camada central é um trilo – quer dizer, um som, uma oscilação periódica, a que os seus batimentos rapidíssimos e indecomponíveis conferem uma qualidade específica; o trilo é um timbre. Por fim, a camada inferior é composta de triplas colcheias ascendentes ligadas e por duplas colcheias descendentes picadas [ou desligadas]. Quer dizer que há uma dupla classificação: pelas durações e pelos modos de ataque dos sons – *legato* ascendente, *staccato* descendente.

Assim classificadas, as três camadas fundem-se e funcionam em conjunto, constituindo um fenómeno sonoro em evolução, de uma complexidade que, se prosseguíssemos esta análise com maior aprofundamento, mostrar-se-ia sem fim; mas *ouvir* assim a "Waldstein" ou toda a música de piano de Chopin, de Liszt, e mais ainda de Debussy, é perceber a importância do timbre e "ver" as suas cores.

É impensável um fenómeno sonoro que não possua todos estes elementos, ou uma estrutura musical que não relacione vários fenómenos sonoros. É aí que entram em cena as diferenças. Estas diferenças são essencialmente *qualitativas* porque mesmo aquilo que parece quantificável (por exemplo uma relação de intensidades, forte/fraco) é submetido ao princípio da relatividade e do contexto; o que é fraco pode ser ouvido como "forte" (tal como um *pianíssimo* súbito, no fim de uma passagem

A LINGUAGEM MUSICAL

tonitruante, para dar um exemplo grosseiro) e vice-versa. O "valor" de um elemento isolado só teoricamente se poderá conceber. Na realidade musical, o elemento isolado é uma quimera. O que fazem o compositor e o intérprete é sublinhar, fazer prevalecer, variar, acentuar um ou mais elementos, relacionando-os uns com os outros, a fim de obter uma produção de diferenças, estando todos os outros elementos sempre presentes a diversos níveis. Assim, o lugar privilegiado de diferenças de uma estrutura melódica será a escala de alturas disponível, inscrita, contudo, numa harmonia que é coerente com ela, e pondo em jogo durações [ou tempos], intensidades, um registo, timbres, etc., sobre os quais se actua igualmente. A música utiliza elementos necessariamente indissociáveis.

Redefinir o ritmo

Chegou o momento de tentar fazer uma síntese destes elementos na categoria do ritmo.

Que significa a palavra "ritmo"? É dizer tudo. É o que modela o tempo musical. Porque toda a relação entre elementos, entre estruturas deixa a sua marca no tempo e transforma-o. Quando a mais pequena diferença – de harmonia, de durações, de intensidades, de timbre, de registo (enquanto indissociáveis) – cria um arranhão, uma pequena ou profunda ferida no tempo, *produz um ritmo*. A harmonia: basta uma diferença de função (por exemplo, tónica-dominante, todos os outros elementos estando presentes, mas imóveis) para produzir um ritmo poderoso. Ainda mais: a harmonia como ritmo está na origem da dinâmica do discurso.

Quanto à melodia: se a altura for mexida no mais pequeno intervalo, surge imediatamente um ritmo, ouvido ao mesmo tempo como diferença num contexto harmónico dado, e como simples diferença de afastamento entre dois sons que a percepção aprecia «em tempo real». O mesmo acontece com uma diferença de registo: passar do grave ao agudo é produzir um acento fortíssimo. E mudar de timbre é mudar de luz...

Assim, o ritmo é constituído pela combinação incessante de todos estes acontecimentos inscritos no tempo. É o poder fundador do tempo musical, quaisquer que sejam as leis ou o livre-arbítrio que o governem ([10]).

Entrámos já no coração da composição. Desenham-se igualmente os contornos de um modelo de funcionamento da estrutura musical. Este modelo contempla duas escalas temporais: a do curto prazo que rege as

---

([10]) André Boucourechliev: *op. cit.,* 1991.

A LINGUAGEM MUSICAL

relações sonoras imediatas e a do longo prazo em que há relações das estruturas na forma.

MODELOS DE FUNCIONAMENTO: O CURTO PRAZO

Funcionamento e hierarquias no sistema tonal

Consideremos o curto prazo em que se instauram as relações de um som a outro e de um elemento a outro (alturas, durações, intensidades, etc.), não sem acrescentar que aí existe um discurso esquemático, uma proposta de modelo e não a exposição exacta de uma única realidade. Estas relações, estabelecidas pelo compositor, constituem-se em linhas de força na estrutura. Descritas desta maneira, é preciso falar da conduta das diferenças no seu próprio interior, no tempo (neste caso, a curto prazo). Consciente e sobretudo inconscientemente, a intuição desempenha aí um papel soberano (mas de pouca importância aos olhos do modelo), o compositor privilegiará um ou outro elemento, "bloqueando" ou imobilizando outro. Depois, fará convergir ou divergir as linhas de força, consoante melhor lhe parecer; se convergirem, constituirão sinergias poderosas; se, pelo contrário divergirem, tenderão para um nivelamento. Entre sinergia e divergência, pólos extremos, o compositor dispõe de uma infinidade de graus de diferenciação. Se, além disso, não perdermos de vista que cada grau de diferenciação em cada elemento é variável (e eventualmente autónomo), podemos tentar imaginar a complexidade espantosa do que se passa no mais pequeno fenómeno musical. Entretanto, ninguém é obrigado a conhecer esta complexidade para poder fruí-la, nem sequer o compositor que redige intuitivamente as condições desta fruição. Isto significa que a percepção e as suas faculdades operatórias – distintivas, comparativas, selectivas, redutoras – estão em condições de dominar a estrutura e de a tornar habitável. Aliás, a percepção faz muito menos análises do que sínteses, na medida em que uma linguagem musical, que lhe seria mais ou menos familiar, se presta mais ou menos a isso.

De facto, se é assim que no absoluto funciona o modelo de uma estrutura em acção, ele pode comportar, no seio de uma linguagem familiar, condições de simplificação, condições predeterminadas e mesmo automatismos cuja escuta é mais ou menos familiar e que a favorecem consideravelmente. Aqui, visa-se sobretudo a linguagem tonal, em que as associações de elementos preestabelecidos são suficientemente maioritários para, pelo menos, constituir uma base de escuta simples. Mas, expliquemos, porque tudo isto é muito importante.

A LINGUAGEM MUSICAL

Hierarquias

Qualquer sistema de linguagem possui as suas hierarquias internas. Assim, o sistema tonal conhece, no cume da hierarquia dos seus elementos, *a harmonia;* ela comanda tudo, porque, em suma, é a referência principal da relação musical.

As *durações* estão hierarquicamente submetidas à harmonia. São sensíveis aos graus harmónicos (tónica, dominante, etc. – ver adiante); existe uma convergência *a priori* entre os graus "resolutivos" (de paragem, de repouso) e as durações longas. Em contrapartida, uma duração longa sobre uma dominante tende a reforçar uma "contradição" – um miniconflito ou muito simplesmente uma tensão – situação, aliás, predeterminada, reconhecível e familiar.

As *intensidades* (que não se marcavam no tempo de Bach, porque «surgiam naturalmente», quer dizer, estavam predestinadas em relação à harmonia e às durações) já têm um papel constitutivo menor na estrutura; mas podem originar conflitos passageiros de efeito muito espectacular. Também se pode afrouxar as rédeas das intensidades e confiar-lhes, se for necessário, um papel expressivo considerável – isto é, estruturalmente, uma ampliação do papel – entregue à livre fantasia do intérprete (que, frequentemente abusa dele).

Quanto aos *registos:* é um elemento que a música tonal não tem em conta; em Bach, por exemplo, um *mi* é um *mi* onde quer que se encontre no espaço, pois está onde a voz polifónica lhe designa que esteja. Desde Beethoven, pelo contrário, e nos Românticos, o espaço é chamado a contribuir.

Os *timbres* – que muitas vezes nem sequer eram marcados – serviam, praticamente até Haydn, para diferenciar os planos, as vozes. Em compensação, a partir do momento em que passaram a desempenhar papel arquitectural (ver p. 23, o exemplo de timbres extraído da *Heróica*), foram cuidadosamente definidos. Por fim, as massas sonoras não contavam absolutamente nada; mas a percepção sempre considerou tudo isso, registando, comparando e avaliando infatigavelmente as diferenças. «Barrabás!» – a dominante longa e agressiva desta réplica coral da *Paixão segundo São Mateus,* a intensidade do grito, a massa vocal estão aqui em sinergia que, aliás, se inscreve directamente na tipologia familiar do sistema tonal.

É esse, *grosso modo,* o quadro hierárquico dos elementos na linguagem tonal e, parece, tal é a razão dos automatismos que a tornam relativamente simples de escutar, de compreender. Mas o que é a linguagem tonal? E como funcionará?

O SISTEMA TONAL

A descrição deste sistema a partir das suas origens, quer dizer dos modos, muito numerosos, que progressivamente se reduziram a dois – o maior e o menor – desde então chamados gamas, pode ser encontrada num vulgar tratado escolar, tal como os graus harmónicos, tónica, dominante, subdominante, etc. (Em regime modal, as coisas são mais complexas, sobretudo mais instáveis.) Mas não se trata de fornecer um modelo de funcionamento. O que as obras mais eruditas evitam, muito mais frequentemente do que se julga, é a *razão* pela qual a tónica é investida de uma função atraente de base, com muitíssima frequência inicial e sempre conclusiva, para a qual tudo converge, e especialmente este grau capital, a dominante, dotada de um poder de tensão, de suspensão que se "resolve" sempre na tónica (Guido d'Arezzo, em 1025, disse no seu *Micrologus:* «No início de um canto, não podemos saber o que vem a seguir, mas ouvido o último som, compreendemos o que precedeu»).

Feitas estas verificações muito simples, fica ainda de pé a irritante pergunta: o que é que faz com que a dominante tenha uma função tensional e a tónica uma função resolutiva? Por outras palavras: o que é o "sentimento tonal"? As respostas são múltiplas e complementares e, aliás, deixam uma vaga impressão de insatisfação. Tratar-se-á de um fenómeno acústico extrínseco, dependente da física, de um fenómeno intrínseco, dependente da percepção ou, ainda, de um fenómeno de aculturação? Sem dúvida dos três.

A acústica ensina-nos que todo o corpo sonoro posto a vibrar (por exemplo, uma corda) faz-se ouvir totalmente como som fundamental, mas que, ao mesmo tempo, divide-se por "nós" em dois, três, quatro ou n... partes "parciais", que vibram igualmente (mas são muito mais debilmente audíveis do que a fundamental – a que já fizemos alusão). São os harmónicos da fundamental, assim:

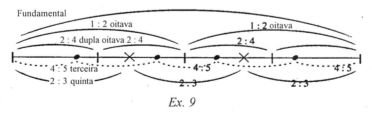

Ex. 9

A 2ª harmónica é produzida por metade da corda – faz ouvir a oitava do som fundamental (1:2); a 3ª harmónica é produzida pelo terço da corda – dando a quinta (2:3); vê-se que ela é objectivamente o intervalo mais importante a seguir à oitava; este 3 entre dois 2 é gerador de tensão. Além disso, numa obra tonal, a quinta é estatisticamente o intervalo mais frequente (é claro!): domina ou predomina, é a dominante. A 4ª harmónica é não só a oitava da oitava (2:4), mas também a quarta em relação à quinta precedente (3:4); a 5ª harmónica é a terceira maior (4:5); deste modo completa "o acorde perfeito", base de todo o sistema, e qualifica-o, então, como maior – enquanto a 6ª harmónica, sendo a terceira menor (5:6), produz o acorde menor, etc.

Rameau é o grande teórico da "ressonância natural" como fundamento objectivo da tonalidade, embora deixe persistir uma parte de insatisfação e de dúvida. Porque ainda é preciso que a percepção integre e viva musicalmente estas relações dialécticas de um 2 fundamental e afirmativo, com uma polaridade forte, e de um 3 suspensivo e predominante, para garantir no seio de uma estrutura sonora o "sentimento tonal" (a não ser que se lhe consagre um tratado, somos obrigados a ter de resumir grosseiramente esta situação).

Pelo menos dois séculos de música tonal europeia efectuaram uma aculturação neste sistema, normalizaram as suas cláusulas de linguagem e de estilo e condicionaram os nossos reflexos a essas normas. O paradigma de base do sistema tonal é a cadência perfeita constituída de acordes perfeitos: tónica – [subdominante] – dominante – tónica

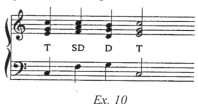

Ex. 10

Numa drástica generalização deste modelo, poder-se-ia dizer (e o autor teima dizê-lo, porque é importante não esquecer isso) que não só a cadência perfeita é o *programa de base* de toda a obra tonal, mas igualmente que toda a obra tonal é uma *metáfora da cadência* (o que, aliás, não justifica em nenhum caso a redução desta a uma obra tonal, tal como o faz Schenker ([11]), um terrorista da análise muito apreciado nas universidades americanas e que, periodicamente, está em moda na Europa).

([11]) Heinrich Schenker (1867-1935) reduz sistematicamente a harmonia da obra para a fazer renascer numa fórmula anónima. Além disso, Schenker confessa, de modo muito agressivo, que é incapaz de tratar a música antes de Bach e depois de Brahms.

A LINGUAGEM MUSICAL

Evolução do sistema tonal

Os sistemas de linguagem, tal como a sua ressonância na nossa sensibilidade, evoluem, perdem eficácia, desagregam-se, desgastam-se, e com eles evoluem as hierarquias dos seus elementos constitutivos.

Estabilizadas na época clássica, as hierarquias tonais começam a ser postas à prova e até contestadas com Beethoven que parece ter um prazer maligno em quebrar os automatismos, em desfazer as associações de elementos constituídos *a priori*. Embora, em Beethoven, a harmonia continue a ser o elemento mais importante, ela rege tanto conflitos como concordâncias e extrai destes conflitos um suplemento de violência. O ritmo (no sentido tradicional – durações e acentos) é, frequentemente, a grande força adversa que se opõe à harmonia; o acento a contratempo é uma arma eficaz. A melodia, outrora soberana, explode em todos os sentidos, apaga-se a favor dos registos, das massas, das intensidades, chamadas a mudar de categoria hierárquica – para ressurgir no momento oportuno em toda a sua frescura. Voltaremos a esta frescura do tempo musical, objecto de pesquisas e de desejos; por agora, afirmamos que a linguagem beethoveniana representa um ponto de equilíbrio entre o previsível e o imprevisível, entre a sinergia e a contradição, na perspectiva de uma óptima eficácia. É isto que torna esta linguagem tão nova, tão viva, tão fascinante e inesgotável.

Se Beethoven realiza, a propósito da questão das hierarquias, um gesto audacioso de liberdade em relação aos seus predecessores clássicos, os românticos, seus sucessores, avançam mais um passo em direcção à harmonia em si mesma, enfraquecem os seus impactos, atenuam os seus encadeamentos e desenvolvem bastante a sua evolução: modulações frequentes para tons afastados, delicadas cores de penumbra e de noite. Mas o passo decisivo pertence a Wagner. Com ele, a harmonia torna-se errática, sem, contudo, abdicar da sua supremacia; pelo contrário, a harmonia é a chave da sua linguagem. Mas a crise que ela sofre enfraquecerá o "sentimento tonal" e os seus poderes de atracção.

O papel de Wagner

Falou-se da "melodia infinita", em Wagner. O termo correu mundo, mas designa uma ficção; porque – como adiante veremos – se, realmente, existe alguma coisa que deva ser entendido como infinito é precisamente a harmonia. Aliás, a melodia é, aqui e mais do que nunca, apenas o resultado, a emanação, o produto da harmonia. Infinita? De facto assim é. A harmonia wagneriana é o modelo por excelência de um processo em

A LINGUAGEM MUSICAL

constante evolução. Desenvolve ao extremo as suas faculdades de transformação e de modulação, até aos limites da saturação, até à vertigem e até ao ponto – que, todavia, não ultrapassa – de pôr em questão a sua própria existência (ao passo que em Beethoven, repetimo-lo uma vez mais, ela afirma-se violentamente, chegando a ser brutal, podendo chegar mesmo a manipular a cadência «como uma bazuca, como um matador» [12]).

O que é modular? É passar de uma tonalidade para outra através de um procedimento lógico e, se possível, elegante. Em Wagner, mudar de tonalidade torna-se um gesto de tal modo constante que se esvazia da sua capacidade de articulação. Modular – mas vindo de que tom e dirigindo-se para qual? Na verdade, vindo de uma modulação e encaminhando--se para outra – quer dizer, vagueando entre as tonalidades e, por isso mesmo, suspendendo-as, ignorando-as. A tonalidade como lugar estável do fenómeno musical, entra aqui numa mudança perpétua, começando a dissolver-se e acabando por ser o programa de base da música clássica e, por consequência, da forma, quer dizer, do tempo... Daí resulta esta sensação de "infinito" do *tempo musical* wagneriano. Daí também as consequências estéticas capitais que este estado suspensivo teve na evolução subsequente da música.

No domínio da ópera, a revolução wagneriana será igualmente radical. Sabe-se que Wagner (consequência lógica da sua diligência harmónica) abolirá as cláusulas [cadências finais] e as divisões [separações] da ópera clássica e criará uma continuidade. Também se sabe que ele introduzirá – especialmente em *O Anel do Nibelungo* (em abreviatura, *Ring*) – a noção do *Leitmotiv*, quer dizer, de uma temática específica ligada a cada uma das personagens, a certas situações ou objectos, e mesmo a conceitos mais gerais, tais como o amor, a maldição, a cólera, etc., que se inscrevem, no seu lugar e local dramáticos, na corrente ininterrupta de sons. Ora isto é apenas uma constatação conhecida e fácil de fazer. Qual é a natureza da rede de *Leitmotive* ([13]) e qual é o seu sentido musical, além dó semântico? (A propósito disto, Debussy – aliás, inicialmente um wagneriano fervoroso, irritou-se com aquilo a que chamava «contabilidade administrativa».) Dir-se-á em primeiro lugar que o seu papel é arquitectural: substitui os "números" fechados da ópera antiga, no interior de uma forma tornada infinita. Mas também se deve dizer que esta rede não é um

---

([12]) André Boucourechliev: *op. cit.*, 1991.

([13]) Em alemão e no singular, *Leitmotiv;* no plural, *Leitmotive*.

A LINGUAGEM MUSICAL

reportório, mas um programa, no sentido mais moderno do termo – genético, se se preferir. E isto é capital.

Comecemos pelo aparente paradoxo: não há *leitmotive* absolutos na ópera de Wagner, pelo menos *a priori*. Mas como se pode afirmar isso, se cada um de nós pode assobiar o motivo de "A Espada de Siegfried" ou o de "A Cavalgada das Valquírias"? O reportório existe, em todos os livros consagrados ao compositor; até se vende nos quiosques de Baireute, para que nos possamos orientar no inextricável amálgama das personagens, objectos e ideias que povoam o *Ring*. Quem não beneficiou desse reportório? Entretanto, isolar um motivo é uma operação artificial e redutora, porque a sua catalogação pressupõe um estado fundamental e fixo desse motivo. Ora não há estados desses no *Ring;* mesmo os enunciados mais espectaculares, os mais insistentes e os mais importantes no plano dramático são diferentes, em estado de constante variação, nunca textualmente repetidos. Então, onde está **O** *leitmotiv?* Na partitura? Na nossa percepção? A forma como ele figura no catálogo temático é mítica, é um "retrato-robô" baseado em traços distintivos, os mais salientes ou estatisticamente os mais frequentes; além disso, privados do seu contexto concreto. Por isso, não tem existência musical independente e não preexiste à obra, da mesma maneira que os órgãos de um corpo não preexistem ao corpo.

Em contrapartida, como é que o motivo se apresenta *na* forma concreta, no corpo vivo da obra? Como um conjunto de estados submetidos à conduta musical e dramática. Tal como figuras pálidas ou atónitas, como muitas aparições, ora fugazes ora insistentes, de acordo com a força estruturante dramática e musical que o compositor quer dar-lhes aqui ou acolá... Muitas cristalizações sonoras de uma ideia, nenhuma das quais pode ser chamada primeira ou preexistente às outras. O *leitmotiv* na forma não surge como um motivo, mas como *o conjunto das suas metamorfoses*.

Também, o termo "programa" se aplica de maneira justificada à rede de *leitmotive,* nomeadamente no *Ring*. Porque aqui Wagner não produz um reportório, mas, essencialmente, uma rede de potencialidades, uma grelha susceptível de reger comportamentos musicais possíveis e coerentes, em ligação orgânica com a dramaturgia da obra.

A LINGUAGEM ATONAL E SERIAL

Schönberg aproveitar-se-á deste delírio harmónico para pôr fim ao sistema tonal que já estava caduco, na viragem do século XIX para o século XX. Lembremos que foi a partir de 1909, com as *Cinco Peças para Orquestra* e com o monodrama *Erwartung* que Schönberg, inspirando-se na instabilidade harmónica wagneriana, suspendeu e até se absteve de qualquer relação que usasse, de perto ou de longe, a tonalidade, sendo nisso seguido pelos seus discípulos. Também se sabe que, durante um decénio, a música desta linhagem permaneceu fora de qualquer sistema, até à invenção da série dodecafónica por Schönberg. Período chamado de "atonalidade livre" – período feliz, diremos nós –, que terá assistido ao nascimento de *Pierrot lunair op. 21*, dos *Quatro Lieder com Orquestra op. 22*, da ópera *Wozzeck* de Berg e de muitas outras obras-primas, entre as quais as do "primeiro" Webern são talvez as mais admiráveis: as *Peças* e as *Bagatelas* para quarteto *op. 5* e *9*, as *Seis Peças para orquestra op. 10*, etc. Este período que, aparentemente, dispensava totalmente uma nova organização, termina em 1923, com a invenção do sistema dodecafónico.

Em que consiste este sistema? Em constituir numa série os doze meios tons contidos em cada oitava – o "total cromático" – segundo uma ordem descontínua, livremente escolhida e sempre a mesma, que deve ser usada segundo as regras formuladas por Schönberg. Deste modo, nenhum som deverá aparecer antes de todos os doze terem sido apresentados, a fim de não se privilegiar nenhum e evitar qualquer reminiscência tonal; por isso mesmo, são interditos os intervalos de oitava e toda a formação directa de um "acorde perfeito". É evidente que, antes de ser um sistema coerente de composição, a série surge como um sistema de oposição a toda a nostalgia da tonalidade (a começar pela do próprio Schönberg que, aliás, ele nunca suprimiu totalmente...).

O sistema de composição propriamente dito compreende as quatro formas de base da série: a original, a recorrência (a sua leitura da direita para a esquerda), a inversão (os intervalos ascendentes tornam-se descendentes e vice-versa) e a recorrência da inversão.

Ex. 11 – Stravinsky: *Threni*

A LINGUAGEM MUSICAL

Todas estas formas podem ser separadas, misturadas, sobrepostas em acordes e sobretudo transpostas em todos os tons cromáticos. Isto fornece um material mais do que abundante para compor, com uma única série, suites, variações, sinfonias e *tutti quanti*. Para mais, com a satisfação intelectual de operar todas estas deduções na "coerência" – aliás, mais ilusória do que efectiva em relação à realidade musical. Não deixa de ser verdade que o sistema dodecafónico permitiu criar obras-primas, tanto a Schönberg como, sobretudo, aos seus discípulos Webern e Berg.

É evidente que o dodecafonismo serial, já bastante desenvolvido por Webern e retomado, depois da Segunda Guerra Mundial, pela nova geração, iria evoluir fortemente a partir dos anos cinquenta [do século XX] e estender-se, durante um curto período, sobretudo graças ao seu desenvolvimento e à sua radicalização nas obras de Boulez, a todos os elementos da linguagem; não somente às alturas cromáticas, mas também aos tempos, às intensidades e aos ataques dos tons. (Messiaen tinha proposto um exemplo inaugural, no seu estudo intitulado *Mode de valeurs et d'intensités.*)

Desta maneira, o fenómeno sonoro explodia a partir do seu interior, com os seus elementos separados e depois arbitrariamente reassociados, recurso extremo se necessário. É verdade que, actualmente, é "de bom tom" considerar aberrante este sistema, chamado "série generalizada" (de resto, é de facto aberrante!). Contudo, na obsessão da "organização total" e da "coerência absoluta" da época, evitava-se tomar consciência das suas consequências propriamente sonoras ([14]). Renegado pelo próprio Boulez como técnica inviável a longo prazo, rejeitada pelo público como esteticamente "intragável", a série generalizada e os seus produtos, especialmente as *Estruturas* (1º Livro) de Boulez ainda cintilam, pelo menos aos ouvidos do autor, com um brilho sonoro inaudito.

Enquanto esta revelação sonora, já intuída em Messiaen por Stockhausen, iria conduzir este à elaboração de uma teoria do som como função do tempo (ver o comentário à sua obra *Gruppen* no segundo capítulo), os compositores adeptos do serialismo, além do seu delírio de organização, tomavam consciência de outras propriedades específicas da série, nomeadamente a da sua capacidade de servir de ligação descontínua entre os

---

([14]) Já em 1950 ou 1951, Stockhausen, ouvindo vinte ou trinta vezes seguidas *Mode de valeurs et d'intentités* de Messiaen, afirmava: «Mensch, es *klingt* ja anders» – «Isto *soa* de outro modo!». E começou a tirar as conclusões por sua própria conta.

Ex. 12 – Boulez: *Structures I*

extremos (¹⁵). A série devia necessariamente mudar e, mesmo conservando um mínimo de princípios estilísticos que impediam que a escrita musical caísse nas antigas cláusulas gramaticais, tendia para um certa abstracção e, de algum modo, já não calculava alturas ou durações à dúzia, mas ordenava proporções, quantidades e, sobretudo, qualidades. A já citada *Peça X* para piano, de Stockhausen, governada por um programa de proporções abstractas (voltaremos a este assunto mais pormenorizadamente no capítulo seguinte), representaria o último estádio (terminal?) do serialismo.

Actualmente, que resta de tudo isso? Tendo sido abandonada a obsessão da organização confiada quase automaticamente à série, ainda perma-

---

(¹⁵) Dever-se-ia distinguir – questão de terminologia – dodecafonismo (que palavra horrível!) e serialismo (que compreende a "série generalizada"). Todavia, esta distinção nunca se impôs verdadeiramente; usamos "serialismo" para designar qualquer composição derivada da série.

A LINGUAGEM MUSICAL

nece a consciência, como herança do serialismo, de uma descontinuidade, de uma pluralidade (enquanto oposta ao dualismo próprio do tonal), enfim uma noção ou uma função moderna de programa, no sentido mais actual do termo. A música do século XX foi marcada pelo serialismo (o que não impedirá que se manifestem algumas tentativas de regresso ao tonal).

Por isso, as hierarquias terão ainda mudado. Resumindo: todas as matrizes que, de algum modo, regem a linguagem musical nunca deixaram de evoluir desde o milénio. Desde a monódia anterior ao ano mil à chamada polifonia primitiva, houve redistribuição de hierarquias: o uno vai dando lugar ao múltiplo. O mesmo aconteceu entre a polifonia do Renascimento e o Barroco, entre o Barroco e o Classicismo: uma grande rejeição, uma redução drástica – do múltiplo ao uno e aos esquemas de uma convenção formal (a sonata e os seus derivados). Crise desta linguagem com Beethoven e o Romantismo, evolução harmónica fulgurante em Wagner e Debussy; dissolução em Schönberg e mudança radical com a descoberta da série. Por fim, ruptura de toda a hierarquia preestabelecida, de toda a aliança de forças fora do instante estrutural, segundo Webern, segundo Stockhausen e segundo Boulez.

O LONGO PRAZO

Recuemos um pouco. O que se passa no curto prazo, nas relações imediatas dos sons e das estruturas passa-se igualmente, presume-se, no longo prazo, isto é, no tempo musical numa escala mais vasta. Intervém nisso o mesmo jogo de diferenças, enfrentando-se ou evoluindo de um "bloco temporal" para outro. Encontramos aí as diferenças de ordem harmónica, sob o aspecto de vastas "placas" temporais com uma função comum ou submetidas a um regime harmónico evolutivo (então, emergem os critérios de direcção e de velocidade de evolução); aí encontramos as durações, agora como conjuntos tanto homogéneos como heterogéneos, em qualquer caso determinantes do carácter de uma paragem de tempo e da sua duração global enquanto diferente relativamente a outras paragens de tempo. Do mesmo modo, as intensidades que caracterizam uma secção são ora estáveis (*pp* ou *mf*, por exemplo), ora evolutivas (*crescendo, diminuendo*), a menos que não estejam diferenciadas de uma nota para outra no interior de uma paragem (*Estruturas* de Boulez) mas, de qualquer modo, suficientemente caracterizadas para entrar em relações dinâmicas com outras paragens. O mesmo acontece com os registos em que se estabelecem as estruturas, o agudo, o grave e o médio confrontados entre si,

A LINGUAGEM MUSICAL

lugares de poderosas diferenças (ou de estagnações deliberadas). Quanto aos timbres, marcam os caracteres mais ou menos delicados do tempo musical, as diferenciações mais ricas e subtis. É, no entanto, verdade que todos estes elementos formam combinações especiais entre si. Apresentamos alguns exemplos simples e clássicos: associações alternadas de madeiras agudas *pp*/cordas graves *pp*, por quatro medidas; ou então madeiras graves *ps-f*/cordas *p-sf*/madeiras agudas/cordas graves/madeiras e metais... etc. (exemplos tomados, ao acaso, na *Terceira Sinfonia* de Beethoven). Abre-se, deste modo, ao compositor, um campo quase ilimitado de diferenciações a longo ou a médio prazo, que a percepção capta, regista e compara no tempo.

Também aí o modelo é um pouco esquematizado, mas, apesar de tudo, exacto. Ao escutar uma sinfonia de Mozart, Beethoven, Mahler ou as *Estruturas* de Boulez com a consciência de uma identidade entre as relações vistas "à lupa" e "por alto", tornamo-nos sensíveis ao ritmo por "placas" ou até ao ritmo de formas que implicam o longo prazo. Os exemplos mais simples desses ritmos consistem nas Introduções lentas que precedem os Alegros dinâmicos das *Sinfonias I, II, IV* e *VII* de Beethoven.

Entretanto, isto não é tudo; bem longe disso. O compositor, no mesmo momento em que produz diferenças em grande escala, deve gerir as suas relações no tempo. Esta gestão será conforme com as suas estratégias, os seus desígnios formais (partindo do pressuposto de que existem: entretanto, a improvisação, isto é, as decisões instantâneas, não significam necessariamente a abdicação de todas as intenções formais, mas um tempo de decisão instantânea desta).

É preciso representar o tempo musical como a criação *hic et nunc* [aqui e agora] de um fluxo articulado mas constante que considera absurdo ou insuportável todo o excesso de força apoiada ou crescente, sob pena de trasbordamento, de nivelamento (por exemplo, é impensável um crescendo infinito) – e isso em cada um dos seus confluentes. Daí a necessidade, puramente gestionária mesmo antes de ser estética, da distribuição circunspecta do tempo entre economia e despesa. Um dos meios desta gestão, usado desde os clássicos até aos nossos dias, na maior parte dos casos puramente intuitivo mas certamente eficaz, é operar "mudas" no momento oportuno – quer dizer, substituir um elemento privilegiado em benefício de outro como, por exemplo, mudar de harmonia quando um crescendo atingir o seu ponto máximo: o final do prelúdio de *O Ouro do Reno* de Wagner ou o final do.... *Bolero* de Ravel. Ou ainda introduzir

A LINGUAGEM MUSICAL

uma escrita vertical, por acordes, depois de ter esgotado um desenvolvimento melódico. São apenas exemplos rudimentares da luta contínua – obsessiva para os compositores, mesmo quando não a racionalizam – contra o desgaste provocado do tempo, a fim de garantir a este uma "virgindade" constantemente renovada e a plena capacidade de receber e de conter que constituem a sua eficácia e o seu poder sobre nós. Um movimento do *Quarteto op. 59* nº 3 de Beethoven dar-nos-á no próximo capítulo exemplos desta estratégia do tempo. Aliás, é neste estudo que reside a diferença entre linguagem de palavra e linguagem de sons: a palavra, ligada ao sentido racional, não corre nenhum perigo de desgaste; mas na linguagem musical não existe essa segurança, pois trabalha com puras diferenças. Na verdade, neste sentido a linguagem musical é limitada em relação à palavra; mas, em compensação, também é aberta a infinitas combinações possíveis que o músico manipula à sua vontade. E frágil... A cada passo esta linguagem expõe-se à insuficiência e, mais ainda, à saturação; mas a cada passo ignora o peso que a amarra ao racional.

Cláusulas do discurso

A música comporta cláusulas de discurso que a aproximam – pelo menos aparentemente – das da linguagem falada e que governam o comportamento das estruturas no tempo. As partituras, mas também os seus intérpretes e os seus ouvintes, existem para respeitar estas cláusulas. São numerosas e empregue pelos compositores para "dramatizar" o tempo, dividi-lo ou suspendê-lo: enunciados, desenvolvimentos, variações, regressos, transições, oposições, simetrias e assimetrias, rupturas, cesuras e explosões, fragmentações, inversões e espelhos, sobrecargas, contracções, elisões, dobragens estratégicas, não menos que bloqueamentos provisórios, recursos à memória, as progressões controlados, as evasivas, os silêncios repentinos e os arrebatamentos grandiosos... Algumas destas cláusulas têm um significado importantíssimo dentro da forma, governadas pelas condutas estratégicas a longo prazo. Curiosamente, os livros falam delas bastante pouco, a não ser numa perspectiva do exterior, sobre o modo categorial (ora não se trata aqui de cláusulas formais convencionadas como a "exposição-desenvolvimento-repetição" de um alegro de sonata). Saber-se-á, por exemplo, o que significa a *repetição* ou qual poderá ser a função de certas rupturas? Examinemos algumas destas cláusulas e operações.

As *enunciações* de uma ideia ou de uma situação musical podem, em regime clássico, ser simples, duplas e por vezes, triplas. Duplas em

Debussy, muito useiro em repetir imediatamente (em "duplicar") a ideia; e, mais do que frequentemente, triplas em Beethoven que encadeia na suite no terceiro salto, como acontece no início da *Sonata op. 111*:

Ex. 13

Ideia, proposição: apreciamos estas noções, porque são, sobretudo na música de hoje, frequentemente função de "cadeia genética" onde estão inscritos, imperativamente, os comportamentos futuros da matéria musical, quando o tema é um sujeito (quando não um objecto) concreto, um rosto.

Os *desenvolvimentos* são, como todos sabem, explorações temporais de um tema, de uma ideia ou de uma célula; procedem por entidades ou por fragmentos, por pedaços ou sobretudo por microvariações harmónicas, melódicas, rítmicas, etc., situando-se o todo entre os pólos extremos do quase idêntico e do irreconhecível. São ambíguos, porque ameaçados pelo raciocínio. Para ser tocados por uma lógica a toda a prova, muitas vezes dão a impressão de uma função de preenchimento, de ocupação do tempo. Bem conduzidos, são portadores de movimento, carregados de dinamismo; Beethoven dar-nos-á um exemplo admirável na Abertura de *Leonora nº 3* (ver página seguinte):

Trata-se de um desenvolvimento linear de uma única ideia. Ou, na maioria dos casos, os compositores apelarão a duas ou mais ideias antagonistas, em relações dialécticas entre elas (nomeadamente na sonata clássica).

Não sendo o desenvolvimento um procedimento isento de perigos, quando se vêem demasiados "cordelinhos", a sua contrapartida é um preconceito de... não-desenvolvimento, de processos de transformação

Ex. 14

constante ou, até mesmo, radical, a que aderem muitos músicos (como Debussy e Webern).

A *repetição* (textual), a que a retórica musical recorre muitas vezes, é uma arma de dois gumes.

Em primeiro lugar, é preciso questionar o próprio termo. Existirá uma repetição textual na percepção? Nada é idêntico à sua reedição no tempo. Entre A e A1 passou algum tempo, interpuseram-se "momentos da vida que passa", uma memória já informada e que deforma. Esta pode conduzir-nos, se a obra está próxima de nós, a uma recriação pessoal de um ou outro desses momentos, simultaneamente próxima e afastada do original. O tema e o motivo pairam incertos na nossa memória, em "estado mítico" – se assim se pode dizer –, e a sua comparação com a realidade da escuta é fecunda, seja feliz ou conflituosa. Se a repetição evoca e espevita a memória, também corre, em contrapartida, o risco de criar a saturação, a redundância, o aborrecimento e, finalmente, a saída do musical, um "silêncio estrutural". Em compensação, reconhecida na sua frescura, inesperada ou desejada, a figura musical que retorna pode provocar alegrias intensas até à dor, se conseguir gerar a nostalgia. Schubert é o músico por excelência desta nostalgia, e a "frasezinha" de Proust é o seu exemplo literário mais célebre.

A LINGUAGEM MUSICAL

As repetições não-textuais são mais fluidas e mais subtis. Tudo se passa como se elas próprias se encarregassem desta modificação que gera a passagem do tempo; então, o compositor esforçar-se-á por redigir a modificação, por transcrever em sinais explícitos as feridas com que o texto tenha sido marcado na sua travessia pelo tempo. Momentos preciosos que Beethoven – ele uma vez mais – soube criar, por exemplo, no retorno da segunda ideia da *Sonata op. 109* que é *quase* a sua primeira aparição; ou na repetição do tema, ao fim de seis variações no final da mesma obra. Podemos procurar atentamente na partitura as diferenças delicadas de escrita que Beethoven cria de um estado ao outro destes textos, para nos admirarmos e também para compreendermos o porquê da audição se perturbar com isso...

Será preciso colocar *a variação* entre as cláusulas do discurso ou preparar-lhe um lugar à parte? Se a abordarmos como cláusula (maior) da linguagem musical, o seu lugar é realmente aqui. Porque é necessário distinguir as variações implícitas (descobrimo-las em todos os textos musicais, nomeadamente em todos os desenvolvimentos) e as variações explícitas (quer dizer as que afirmam o seu nome: o "tema variado" e também algumas obras excepcionais intituladas "variações", cuja problemática é completamente diferente (ver o capítulo seguinte).

As variações constituem um dos grandes princípios da composição musical. Entretanto, será preciso subscrever de olhos fechados a ideia que pretende que tudo ou quase tudo seja variação de alguma coisa? Na noção de elemento "gerador" de variações há uma conotação hierárquica a que nos parece difícil submeter a música. Tudo se passaria como se, independentemente da enunciação autoritária de tema, o discurso consistisse na glorificação, na ornamentação ou na diluição dele, pelo menos no seu comentário obrigatório. Contudo, a variação deve ter uma existência mais pessoal do que a de um derivado de tema, mesmo que se reduza a uma célula. Concorrentemente a este postulado de dependência um pouco fora de moda (mas difundido), tentemos propor outro, precisamente o inverso. Sejam quais forem a génese, o protocolo da composição (que não podemos conhecer, mas quando muito mimar, subordinar a uma demonstração didascálica), não podemos deixar de considerar primordial – como *texto* – aquilo a que chamamos "as variações", tanto explícitas ("tema variado") como implícitas. De facto, no texto musical, será porventura tudo essencial, isento de superfluidades, será tudo... música? Desde então, o "dado objectivo" (mesmo que, no espírito do compositor, do analista ou do professor, seja um gerador) é investido noutra função, isto é, torna-se

A LINGUAGEM MUSICAL

um factor de coerência, com o que as variações lucram sempre. Por isso, elas constituem a própria substância do conjunto, o "tema" (mesmo sendo invisível) que garante a permanência de determinadas marcas genéticas. Não parecerá este modelo, em que tudo está em toda a parte e nada está em parte alguma, mais habitável do que o do tema "gerador" – linear e ameaçador – investido com a autoridade do pai, e das variações que origina? Voltaremos a este assunto, com exemplos demonstrativos.

As *simetrias* e *assimetrias* desempenham um papel capital na retórica musical. Não há nenhuma necessidade de recordar que a música, sobretudo a pós-barroca, prefere a periodicidade e tende, em conformidade com a harmonia tonal tornada reinante, para a simetria que a regula. Quase toda a música clássica é formada de períodos simétricos como por exemplo $2 + 2 = 4$ (compassos), $4 + 4 = 8$, $8 + 8 = 16$, $16 + 16 = 32$ (são, a título de exemplo, os compassos simétricos da valsa de Diabelli inscrita à cabeça das *Variações op. 120* de Beethoven). Os principais esquemas formais são também tributários da simetria, seja na sua harmonia, na sua temática ou, por vezes, nas suas dimensões. Assim, do *Lied* (A-B-A), em que o A e a sua repetição no tom enquadram uma parte central B diferente; o mesmo se passa com o Rondó (A-B-A-C-A--D-A etc.), em que é o A que repete periodicamente (o "refrão"); e também o mesmo se dá com a "forma-sonata", em que a exposição e a repetição enquadram um desenvolvimento central. Beethoven, grande destruidor de esquemas consagrados, gostará de falsear as simetrias clássicas – depois de as ter estabelecido com autoridade (nas últimas sonatas e nos últimos quartetos nomeadamente) – para tirar delas o máximo de "informação". A partir de então, parece aberto o caminho da assimetria. Embora Schubert pareça ignorá-lo e Brahms ou Chopin desconfiem dela, Schumann cultiva-a e Wagner consagra-a: o *Ring* é a assimetria personificada, os *leitmotive* aparecem não como exigências musicais predeterminadas, mas segundo as exigências dramáticas do texto, isto é, como sendo a própria descontinuidade.

As *alusões, elisões, fragmentações, inversões e espelhos* são outros tantos "velhos truques" que alimentam todas as músicas do mundo. Foram adorados pelos músicos barrocos, cultivados por Bach, apreciados por Beethoven e tornados "fetiches" pelos serialistas; espelhos e inversões, "cabalísticos" em Schönberg, de uma pureza glacial em Webern, num crescendo em espiral ou carregados de símbolos em Berg...

A LINGUAGEM MUSICAL

São raras as *rupturas* brutais na trama musical clássica (o Barroco cultivava-as), meios retóricos poderosos, criadores de *suspense,* de gestos dramáticos, com frequência gestos de ópera, inesperados em Marc--Antoine Charpentier («*Icy faire un grand silence*» – «Aqui, fazer um grande silêncio»), aterradores em Beethoven (*Pastoral* e *Sétima Sinfonia*), intrigantes em Wagner, espectaculares em Berg. Ora, a ruptura como gesto não esgota a função desta, muito pelo contrário; é utilizada de maneira absolutamente subtil nas estratégias a longo prazo, como meio de impedir uma progressão ameaçada de saturação, como marca de abolição daquilo que já foi, para voltar a partir do nada. Os exemplos abundam, de Mozart a Stravinsky. Em *A Sagração da Primavera,* quando a progressão roça a saturação nos Áugures primaveris, Stravinsky corta brutalmente a trama, fendendo de alto a baixo todo o espaço como com um golpe de espada. Não perdeu nada do ritmo geral (que continua a pulsar suavemente); mas provocou uma subida da "temperatura" da densidade crescente e do crescendo que dela resulta, podendo, a partir de então, encontrar o seu modelo rítmico principal ao mesmo nível do início do trecho (números 17-18 da partitura), para retomar uma nova ascensão.

*

O INTÉRPRETE, O OUVINTE

Na história da música, o intérprete aparece tardiamente. Outrora, foi chantre antes de ser cantor, músico de orquestra recrutado ao acaso ou organista – e, frequentemente, foi o próprio compositor que serviu de intérprete. Só no século XVII é que o intérprete-solista profissional começa a surgir, alcançando no século XIX uma supercotação, sendo objecto de um autêntico culto que nunca lhe foi negado. A que se deve esta sua aparição tardia? Na música polifónica e, muito especialmente, em Bach, o texto musical parece que podia dizer tudo. Nesta escrita, as estruturas, as linhas de força conheceram muito poucas flutuações, pois estavam tão solidamente ajustadas que – por assim dizer – não permitiam a existência de um intérprete no sentido pleno do termo; por isso, não passava, quando muito, de um hábil executante, responsável pela clareza das vozes, pela apresentação estilística correcta e, mais precisamente, responsável pelo realce dos pontos mais importantes do texto. Mas, aconteça o que acontecer, o texto é aquele, está *definido.* E até – já o dissemos – legível como um livro, é um prazer silencioso reservado aos profissionais.

A LINGUAGEM MUSICAL

O lugar da interpretação e o do intérprete surge com o Barroco e de modo repentino. (Bach, como mostraremos no último capítulo, intervém contra a corrente da história; dever-se-á até excluí-lo do Barroco, independentemente do que pense a maioria dos historiadores e do público.) Desaparecida a polifonia, a música reduz-se a uma voz acompanhada, pelo menos a uma voz privilegiada, a um "fio condutor" em que tudo se deve passar, onde aparecem (com todas as faltas implicadas por um traçado no limite da notação exacta, e em toda a sua fragilidade, a sua labilidade e a sua relatividade) os sinais da obra musical escrita: exigindo uma criação *hic et nunc.* Esta incompletude original do texto na música barroca chega mesmo, por vezes, a pôr em questão o próprio texto, em virtude da existência de aberturas que atribui liberdades ao intérprete, poderes consideráveis. Como o texto *não pode dizer tudo,* fica necessariamente nas mãos do terceiro. Mas que terceiro? Em primeiro lugar, o próprio autor, excelente instrumentista ou cantor; ou o amador (Deus sabe a que exacções ele submete o texto, na sua "câmara", com os seus amigos – como é seu direito). Por fim, o profissional.

O que é verdade para o Barroco também o é para o Classicismo, para o Romantismo e ainda hoje. Entretanto já tinha nascido o concerto, uma nova instituição, e com ele o intérprete profissional que logo assume o seu papel com verdadeira paixão. Paradoxalmente, quanto mais a escrita se apurava, e mais rigorosa se ia tornando a notação, mais ela exigia do intérprete (de qualquer modo, nunca menos) e nele encontrava uma resposta interessada. Ele tinha talento, sabia usar bem o tempo, estendê--lo e distendê-lo, compreender os seus sinais e transmitir o seu sentido, como um novo profeta. Era e ainda é o seu papel. Por isso, começava a desenhar-se em direcção a ele uma verdadeira deslocação do interesse musical de um público novo; também intervinha nisso a identificação do intérprete com o compositor e do ouvinte com o intérprete... Isto vem perdurando até aos nossos dias.

É costume, nos bons livros, denunciar este estado de coisas: «A *Quinta* de que Karajan se apodera é uma nulidade, é formidável, é medíocre», etc. Beethoven parece ser apenas um "conviva de pedra", um grande mudo. Mas a partitura da *Quinta* já contém Karajan, pois está previsto na sua estrutura, para dizer aquilo que ela implica e não se pode escrever, embora não seja falta do sinal nem por abdicação do poder criador. Nesta perspectiva, o debate inextinguível sobre a "liberdade" do intérprete e sobre a sua "fidelidade" ao desígnio do compositor, é uma falsa questão; por isso não entraremos nele aqui. É vidente que neste estatuto privile-

A LINGUAGEM MUSICAL

giado tem havido e ainda continua a haver – menos hoje do que antigamente – aberrações, usurpações e desvios. Mas a ideia do compositor
não está escrita na sua totalidade nem é absolutamente clara; porque é
preciso saber ler as suas faltas inevitáveis com a certeza adivinhatória,
com a ciência e com a competência que o grande intérprete possui (não
falamos dos medíocres). Quanto ao autor, bastará pensar no teatro e no
cinema! No teatro, o autor morreu ou ficou à porta (é um estorvo!): Viva
Sara! Viva Frédérick Lemaître! Quanto ao cinema: entre o grande público,
quem conheceria os nomes dos realizadores, mesmo na idade de ouro
desta arte? Então, só contavam as estrelas, que eram idolatradas...

Para quê escandalizarmo-nos? Apesar de alguns exageros, esta glória
do intérprete parece-nos bem legítima. No texto escrito, clássico, romântico ou contemporâneo, está tudo por fazer (e não mais nas "formas
abertas" actuais do que nas obras-primas de ontem). Quem faz o que tem
de ser feito? É este ser que vemos ao piano ou com o violino, manifestando
o seu talento, a sua "virtude" de virtuoso; é ele quem fala em nome do
compositor, o eterno ausente, é ele quem dá vida aos seus cadernos
cobertos de sinais mudos, imperfeitos. Longe de nós a ideia de criticar a
adoração das multidões que ele provoca. Vinteuil é um fantasma, um
espírito imaterial no momento em que a sua música ecoa sob o arco de
um Morel enfeitiçado, com a madeixa rebelde...

Finalmente, o ouvinte que recebe esta palavra do compositor feita
carne, glorificada e ressuscitada pelo intérprete (e, por vezes, também
torturada): escutá-la pode ser aceitação e partilha, hostilidade e conflito,
indiferença ou desejo incessante de refazer a obra. E nunca se aperceberá
bem do poder virtual deste desejo; pode transformar o sentido de uma
música e, sobretudo, conferir-lhe uma unidade que, forçosamente, não
possui, um poder de encantar de que, talvez, está desprovida; ele também
pode (como, aliás, o intérprete) demolir a obra, mesmo que seja uma
obra-prima... É vasto o espaço de escuta em nós, onde se precipita o
texto por intervenção do intérprete, como são vastos e livres os nossos
desejos, a nossa indiferença, o nosso amor à música (a uma música bem
determinada e não a qualquer outra), o nosso ódio, a curiosidade, a cultura
e a incultura, a intuição ou a imobilidade, a preguiça, os caprichos, os
impulsos... O mesmo acontece com o beneficiário perante a obra, aquele
«para quem o compositor escreve». É assim que aparece a trindade
compositor-intérprete-ouvinte em que cada um é membro, investido de
poderes sobre o tempo, quer dizer sobre a forma.

A LINGUAGEM MUSICAL

A FORMA – AS FORMAS

Falar das relações musicais a longo prazo é colocar-se na perspectiva da forma. É verdade que os tratados escolares falam bastante dela, mas reeditam – mesmo sem o saber e ainda continuam a fazê-lo no nosso tempo – aquelas antigas obras do século XIX, cujos autores apenas reconhecem uma única aproximação, a partir de esquemas formais constituídos antecipada e intemporalmente, em que se trata de "fazer entrar" as obras como em outros tantos pequenos caixões. A música é assim embalsamada *a priori,* nomeada ou classificada *a posteriori.* Embora esta maneira mecânica de ver a forma se baseie em postulados erróneos (o famoso "recipiente" em que se derrama um "conteúdo", a forma como «a soma das suas partes», etc.), não deixa, contudo, de ter a sua utilidade, nomeadamente cartográfica, que permite que o ouvinte se oriente e consiga recapitular tudo em determinados pontos do percurso. Cultivada nas capas dos discos, esta concepção, de emprego imediato, alcança aí a sua perfeição, realçando as referências identificáveis (temas, tonalidade, cortes, tempos, dinâmica, caracteres gerais, etc.); claro que, não se trata de compêndios de estética nem de instrumentos pedagógicos...

A forma assim concebida, como molde, como padrão – para não dizer como objecto –, participa da classificação de uma tipologia geral, de um catálogo das formas que se pode folhear (por ordem alfabética, resumindo-o um pouco, segundo André Hodeir [16]): abertura, *anthem,* ária, ária de corte, arioso, bailado, balada, canção polifónica, cantata, canzona, cassação, chacona, concerto, coral, fantasia, formas medievais (...), fuga, *ground,* improviso, *lied,* madrigal, minueto, missa, motete, ópera, ópera-cómica, opereta, oratória, paixão, passacalha, poema sinfónico, prelúdio, quarteto, rapsódia, recitativo, réquiem, ricercar, romance, rondó, salmo, *scherzo,* serenata, sinfonia, sinfonia concertante, sonata, suite, *tiento,* tocata, variação... Será preciso acrescentar as formas abertas ou móveis, nascidas na segunda metade do século XX.

Desenvolvido cada esquema e explorado o seu aspecto cartográfico; reconhecida a conformidade ou a inconformidade de uma forma musical concreta com um dos esquemas que ela pode realçar, deve-se perguntar qual é a base sobre que se fundem estes modelos formais. E Riemann responde sem hesitar: «A forma é a coordenação dos diferentes elementos

---

([16]) André Hodeir, *Les Formes de la Musique* [*As Formas da Música,* Edições 70, 2002]. Hodeir mistura duas noções diferentes: a de forma e a de género. Assim, inclui, por exemplo, o quarteto que, aliás, possui, em sentido escolar, uma forma de *sonata.*

A LINGUAGEM MUSICAL

da obra num todo homogéneo» onde «se encontram as manifestações da unidade (acordes consonantes, concepção tonal, permanência de um ritmo, formação e repetição dos temas) e o mesmo acontecendo com as oposições (dissonâncias, modulações, alternância de ritmos, oposições de temas diferentes)». Portanto, acentua-se a coordenação e a unidade. Não há dúvida de que a busca é legítima, mas só se vêem os seus critérios mais vagos. Ora, é preciso notar que, com critérios de unidade objectiva mais rigorosos que se introduzem na obra, não se está mais seguro e que esta unidade é frequentemente ilusória, independentemente do que os compositores pensam dela (é um caso frequente na música serial em que a série, apesar das aparências, não é de modo nenhum garante de uma unidade efectiva). Inversamente, a unidade pode acontecer mesmo onde faltam os critérios unitários (veremos que é precisamente o caso da sonata, cujos movimentos são heterogéneos uns dos outros – salvas as excepções) e em muitas outras obras. Portanto, que se poderá dizer da unidade real de uma forma?

Certamente que a *Gestalttheorie* ([17]), centrada na percepção, contribuiu bastante para fazer compreender o fenómeno da forma como entidade indissociável e livrou-nos das sobrevivências de um pensamento "aditivo" («a forma é a soma das suas partes»). Mas actualmente mostra-se insuficiente, na medida em que não nos leva a tomar consciência nem do processo dinâmico que toda a música representa nem do modo pelo qual este processo se transmite. Por isso, é preciso alargar consideravelmente o campo da problemática e abordar a forma musical como formação incessante, como manifestação de uma «actividade formadora posta em jogo em qualquer música que seja», tal como escreve André Souris no artigo citado na n. 17 em baixo. Ainda voltaremos ao tema da forma como processo e à sua percepção. Entretanto, vejamos o que se passa com a unidade formal, usando um exemplo concreto.

Não se trata de examinar aqui dezenas de esquemas formais para verificar a sua unidade potencial, mas de recorrer a um dos mais impor-

---

([17]) Teoria da forma que se recusa a isolar elementos constitutivos, uns dos outros, para os explicar, e que considera as formas como conjuntos indissociáveis estruturados. Assim, escreve André Souris no seu artigo «Forma» (*Encyclopédie de la Musique,* Fasquelle 1961), «a *Gestaltheorie* estabelece em princípio que uma forma é algo diferente da soma das suas partes, que numa forma está o todo que determina as partes, de onde resulta que as partes não preexistem ao todo ou que uma parte num todo é uma coisa diferente de cada parte isolada ou noutro todo».

A LINGUAGEM MUSICAL

tantes, pelo facto de que não só cobre um período criador de século e meio, como também está presente em mais de um género: trata-se da sonata. Foi esta omnipresença do esquema – que rege tanto as sonatas como os trios e os quartetos, os concertos e as sinfonias, isto é, quase toda a música do Classicismo e do Romantismo *via* Beethoven – que nos levou a voltar a expô-la aqui, embora a nossa obra anterior (já citada) tenha falado muito dela; mas os termos já não são absolutamente nada os mesmos.

Os esquemas formais, a que o uso chamou – e muito erradamente – "as formas", nascem, existem e morrem; em compensação, a forma, no sentido verdadeiro do termo, supera esta condição, não pode morrer por um simples processo. Também a sonata, saída da suite a partir de Bach, foi morrendo entre o final do século XIX e o início do século XX – uma longa agonia entrecortada de sobressaltos, de tentativas de renovação (Liszt e Debussy) ou de restauração (Brahms). A sua trajectória, muito harmoniosa e clara no Classicismo (Mozart e Haydn), sofre uma crise e uma revisão radical (Beethoven, depois enreda-se pouco a pouco no academismo às portas do nosso século [XX]; actualmente, a sonata já não existe (como forma possível de composição, entenda-se).

É provável que a suite tenha estado conforme com a busca de unidade que quer presidir a toda a concepção da forma; todas as suas peças ou danças (alemanda, corrente, sarabanda, giga, etc.) estão na mesma tonalidade. Cada peça, ao reafirmar esta tonalidade, reforça-a e acentua o seu poder unificador. A sonata, pelo contrário, instaura uma dialéctica tonal – ainda por cima a longo prazo – que, para parecer mais subtil do que a tonalidade única da suite e alardeando um pretenso "progresso" em relação a esta, enfraquece o seu poder unificador. Os sensíveis desvios tonais dos movimentos centrais da sonata (adágio e scherzo), embora sejam harmonicamente aparentados com o conjunto, pelo menos em teoria, baralham o sentimento tonal e o movimento final, destinado – a muito longo prazo – a fechar o ciclo na mesma tonalidade que no início não basta para garantir a coerência do esquema. Quando muito, pode dizer-se que este esquema é, *grosso modo,* uma metáfora de cadência (tónica – outro tom – regresso à tónica, ou [tensão] – distensão – tensão – distensão): mas todas as obras tonais são, já o tínhamos dito, metáforas de cadência...

Se já no plano tonal a unidade da sonata se mostra suspeita, que dizer desta unidade no plano temático e nos planos do corte, da velocidade e do carácter geral dos movimentos entre si? As relações a este nível pa-

A LINGUAGEM MUSICAL

recem pura contingência e justaposição. E, no entanto, apesar de todas estas falhas de unidade objectiva, a sonata é considerada uma *obra,* um corpo. Mas esta questão ainda não terminou.

Em compensação, existe uma coerência evidente no interior de cada movimento. Relembremos rapidamente os seus critérios.

O alegro inicial (chamado "alegro de sonata" ou até "forma sonata") engloba diversas etapas: uma *exposição* em que se divulgam os temas, em geral, dois, na tónica e na dominante, e contrastantes (a análise escolar apelida-os de "masculino" e de "feminino", categorias idiotas); uma *re-exposição,* para fixar na memória do ouvinte uma situação que irá reencontrar; um *desenvolvimento* (já falámos dele a propósito dos processos retóricos) em que se supõe que os temas se confrontem (na verdade, muito raramente), variem e modulem; depois, uma *reapresentação* no tom inicial, para dar ao ouvinte o prazer de reconhecer aquilo que se lhe tinha mostrado tão insistentemente; por fim, uma *conclusão* ou *coda.* Triunfo da lógica! O movimento lento segue o chamado «esquema do *lied»* (A-B-A), sendo B contrastante em relação a A e na repetição de A. (Nem A nem B têm caracteres comuns entre si nem com o alegro inicial.) Segue-se (ou não) um scherzo ou um minueto (derradeira sobrevivência da suite), igualmente com o esquema A-B-A (scherzo-trio--repetição) de carácter alegre ou despreocupado. O rondó concluirá a obra; é dançante, como deve ser, e composto de elementos diferentes e de um refrão invariável: A-B-A-C-A-D-A..., etc. O agente unificador A é aqui a memória constantemente interpelada e realizada.

Dito isto, permanece aberto o problema da unidade geral, como corpo, da sonata (da sinfonia, do quarteto, do trio e do concerto), como já tínhamos afirmado. Houve quem tentasse negá-lo através de outra interpretação extramusical, comparando-o a uma peça de teatro. Mas nada é mais tolo porque, no teatro, trata-se das mesmas personagens que evoluem de um acto para o outro – enquanto que em música se trata de um movimento para o outro, de personagens novas, absolutamente estranhas uma às outras pelo perfil, temática, carácter, etc.

Então, como compreender e tentar esclarecer a unidade enigmática da sonata (como também de muitas outras formas complexas) que são perfeitamente todas elas "consumíveis", embora tenham uma unidade objectiva algo coxa? Julgamos dever considerá-la mítica e introduzir, paralelamente e sem contradição, uma teoria mais avançada do que a *Gestalt* – quer dizer, não somente voltar a esta «actividade formadora posta em acção numa música qualquer», de que fala André Souris, mas

A LINGUAGEM MUSICAL

tentar até ir mais longe, aventurando-nos a entrar nas águas perigosas e fronteiriças da noção de forma como fenómeno unitário.

«Analisada de qualquer ponto de vista, a forma musical é necessariamente uma *formação*. E, se quisermos revelar os seus segredos – prossegue Souris –, só o poderemos fazer, em princípio, à escala microscópica das estruturas delicadas». Notemos que esta aproximação não pressupõe elementos de unidade objectiva porque o processo formal (a tal "formação" incessante) pode ser efectuada de maneira válida tanto numa sonata clássica como em qualquer outra configuração musical a longo prazo, desde que esta seja pensada e composta como um campo de concatenações estruturais activas – isto é, que as suas ligações internas sejam "factíveis".

É isto que pode pôr em questão o fantasma da "globalidade" como condição primordial da existência de uma forma e até superar as noções de forma "finita", de forma "fechada", porque «a predominância da actividade sobre a forma é o tema primeiro do pensamento actual» – lembra Souris. Mas isto não é tudo, porque «não se pode admitir uma explicação das formas por um funcionamento espontâneo», prossegue impiedosamente. «O funcionamento deve ser precedido de uma actividade criadora, de uma actividade formativa que improvisa e instala órgãos de ligação que funcionam como instrumentos de uma actividade nova e, assim por diante, de etapa em etapa» ([18]).

Ao incluir o próprio ouvinte no processo formal, ao lado do compositor e do intérprete, o pensamento moderno da criação pode fazer vacilar todos os nossos *a priori* sobre as formas musicais, sobre o dogma imperativo e, mesmo, terrorista da unidade fundada em critérios objectivos tais como as deduções rigorosas a partir da "célula-mãe" de um tema, especialmente de uma série ou de uma qualquer configuração harmónica e rítmica recorrente. Na verdade, estas deduções podem ser geradoras de unidade, mas não obrigatoriamente; pode fortalecer-se a sua audição e até especular sobre ela; mas arriscam-se a impedir o acesso a outros espaços em que vive, se vive e se inventa a forma; e, de qualquer maneira, no plano da unidade, nada garantem. Se a "civilização da unidade" em que estamos mergulhados permanecer, implicará – desta vez imperiosamente – a modernização das concepções musicais e, independentemente das etapas, das referências, das deduções e das proliferações celulares erigidas em culto, exigirá também que dê espaço às ideias de actividade e de ligação. Como a globalidade da forma, da "forma fechada", em que

---

([18]) *Op. cit.*

A LINGUAGEM MUSICAL

outrora se acreditava (com Boris de Schloezer) não é uma condição *sine qua non* da sua existência, actualmente voltamo-nos para o seu percurso temporal seguido passo a passo; a forma – para usar uma palavra de Barthes, a propósito de Michelet – "rumina-se"...

Nesta perspectiva – que se refere tanto ao ouvinte como ao compositor e ao intérprete –, a unidade de qualquer obra, enquanto "objectiva" (e a unidade da sonata entre outras) é, em primeiro lugar, problemática; enquanto "processo formal em formação", que percorremos com todas as nossas faculdades de escuta e de ligação ela é uma realidade que durou e actuou durante um milénio.

Por definição, a corresponsabilidade na actividade de ligação e de acção é inquantificável. Nos tempos da polifonia, todo ou quase todo o poder concentrava-se exclusivamente nas mãos do compositor. No tempo do Classicismo, do Romantismo e até aos nossos dias, mudou-se para os concertos e gravações, como domínio partilhado («a *Quinta* de Karajan, de Harnoncourt»). Em certos casos, na época actual, este poder é expressamente partilhado pelo compositor-criador, pelo intérprete-realizador e pelo ouvinte, cuja criatividade é violentamente solicitada, pois se trata de "formas abertas" que precisamente por isso utilizam a actividade e a faculdade de ligação ao nível das estruturas delicadas. Estas formas não têm nenhuma concepção rigorosa ao nível de um programa geral de acções que rege e inspira os comportamentos possíveis da forma no tempo. Mas elas desafiam a globalidade enquanto fechada sobre si mesma; quer dizer, *a priori,* não têm início nem fim.

As formas abertas

As formas abertas ou móveis nasceram no início da segunda metade do século XX, do cruzamento – absoluta e aparentemente paradoxal – de duas mentalidades, de duas poéticas. Uma, americana, à procura do instante cativo, foi uma poética do acaso, do não-querer-conseguir (tanto na música como em todos os domínios da arte); a outra, europeia, estava, pelo contrário, à procura de uma organização total, racional e voluntarista, encarnada no serialismo. Como é que estas duas ideologias, que tudo parece separar, chegaram a descobrir pontos comuns? Porque sobre este aparente paradoxo se escreveu uma página importante da história musical dos anos cinquenta-setenta [do século XX].

Na América, John Cage (de quem já falámos) "compunha" lançando dados, moedas, peças do *I-Ching,* etc. Fazendo assim, considerava-se

A LINGUAGEM MUSICAL

não como um compositor mas como um monge zen para quem o objectivo é a despersonalização e o acaso, o meio de lá chegar, considerando todas as coisas iguais umas às outras, tanto na música como na vida. Alheio a qualquer aproximação estética e a todo o juízo de valor, inspirou uma geração de artistas, não só de músicos, como Morton Feldman e Earle Brown, mas também de pintores (como Rauschenberg) ou dançarinos (como Merce Cunningham). Alguns músicos como Brown, apressaram--se a afastar-se de Cage, na medida em que repudiavam o acaso e traduziam a sua atitude indeterminista pela multiplicidade de possibilidades oferecidas ao intérprete em que este fazia *escolhas* ou *opções*.

No lado europeu, ideologia oposta. Mas tinha-se desencadeado uma reflexão sobre a própria natureza do serialismo. Será verdadeiramente "determinista"? Há uma não-causalidade inerente ao universo serial que, contrariamente ao universo tonal, não conhece nenhuma obrigação de relações fora do instante, nenhuma direcção *a priori*. Esta tomada de consciência atingirá violentamente Cage, no famoso artigo de Boulez, "Aléa" (que lança o anátema sobre ele, sem, contudo, o nomear). Serão compostas duas obras abertas notáveis, independentemente uma da outra, em 1956: a *Terceira Sonata* de Boulez, a *Peça XI* para piano de Stockhausen. A forma aberta em versão europeia tinha nascido, de maneira aparentemente paradoxal mas na verdade efectiva *entre os serialistas,* e as suas razões de ser adivinhavam-se na obra *Penser la musique aujourd'hui* de Boulez: «Hoje em dia, o universo da música é um universo relativo; quero dizer: onde as relações estruturais não são definidas de uma vez por todas segundo os critérios absolutos; pelo contrário, organizam-se segundo esquemas variáveis». A partir de então, para se passar de uma linguagem relativa a *formas* relativas bastaria um passo, que foi dado em 1956 com as duas obras já citadas.

Que formas abertas? Uma profusão, funcionando com técnicas e princípios diferentes. Evoquemos as primeiríssimas. Na *Peça XI* de Stockhausen ainda entra em acção o princípio aleatório: o olhar do pianista deve errar ao acaso por cima de uma rede de estruturas incompletamente definidas e considerar definições de tempo, de intensidade geral, etc., para uma estrutura vindoura, mas que se ignora qual será (acaso do olhar). Na parte central da *Terceira Sonata* de Boulez, "Constelação", todas as estruturas estão acabadas, mas as suas concatenações são plurais, inscritas numa rede de opções muito controlada. Embora, hoje, estas formas só se pratiquem raramente, deixam, nalguns compositores, um traço mais de ordem ética do que estética. Ao colocar a obra mais sob o sinal do provável

A LINGUAGEM MUSICAL

do que do definitivo, alguns artistas terão querido fugir ao voluntarismo do gesto; à "autoridade da asserção" – como Barthes dizia – ou, em todo o caso, às armadilhas da retórica que, embora permita chegar ao sublime (o que, de modo nenhum, é seguro), fá-lo, por vezes, à custa de uma parte da liberdade do compositor, do intérprete e mesmo da nossa.

Quanto aos computadores..., bem, isso é outra história!...

Capítulo 2

Da linguagem à obra

O segundo capítulo deste nosso livro é dedicado a algumas obras escolhidas para ilustrar as nossas considerações gerais sobre a linguagem. Aliás, quisemos que a nossa escolha versasse sobre um ou outro *género* musical, uma noção circunstancial sobre a qual nunca tínhamos insistido até agora, querendo que a noção de forma (frequentemente confundida com a de género) pudesse conservar toda a sua importância. Portanto, tratar-se-á não de esquemas consagrados (sonata, rondó, etc.), mas de ópera, de sinfonia, de **Lied**, de quarteto de cordas, de variações e também de obras independentes – peças para piano ou orquestra, com características singulares – e irredutíveis a um determinado género.

O discurso analítico é um discurso ingrato, na medida em que tenta evocar por palavras e exemplos musicais escritos o que não vive nem encanta a não ser na realidade da audição. Além disso, no momento oportuno, requer o uso de alguns termos técnicos, que queremos, tanto quanto nos for possível, simples e claros. Certamente, para nos apercebermos de alguns esforços aventureiros ou especulativos, especialmente na composição contemporânea, corre-se o risco de levar o leitor por caminhos pouco frequentados e de, assim, perdê-lo... Só desejamos que, apesar de tudo, ele nos possa encontrar; porque as obras em questão – de Debussy a Stockhausen –, independentemente da complexidade das suas concepções, são susceptíveis de transformar a nossa maneira de as ouvir.

Parece-nos inútil procurar "obras-tipo", representativas de um determinado género, pois não há obras-tipo. Celebridade? É geralmente o contrário que nos tenta. No "apogeu" de um género? Mas qual é, por exemplo, o apogeu da ópera, um género que se estende por quatro séculos e conhece cinco ou seis fases? Há a ópera no seu nascimento, depois a

A LINGUAGEM MUSICAL

ópera barroca *"soft"* (perdoem que designemos assim a ópera nascida depois de Monteverdi e antes de Mozart, categoria um pouco branda ou frouxa); existe a ópera clássica (Mozart), o "bel canto", o drama musical wagneriano e, por fim, a ópera contemporânea. Onde está o apogeu do género? Optaremos pelo primogénito do génio de Monteverdi, o *Orfeu,* em que se instituiu tudo ou quase tudo o que fará a alegria expressiva da ópera. Contudo, não hesitaremos em evocar paralelamente, por seme-lhanças perturbadoras de estrutura, a última grande ópera do nosso tempo, *Lulu* de Alban Berg.

A sinfonia é um fenómeno tanto social como musical, com um poder aglutinador formidável. A *ágora* da civilização musical burguesa em que a sinfonia, depois de ter saído do protectorado dos príncipes, optou por morar, é a filarmónica, simultaneamente sociedade de amadores e sala de concertos. À volta dela agrupam-se e reagupam-se, reconhecem--se e consideram-se as elites da cidade. A sinfonia é o seu ritual repetitivo – tão repetitivo que chega à compulsão. Ela é facilmente compreendida, por ser acessível a um público que vai aumentando de dia para dia. Morto para a composição contemporânea, no entanto, ainda hoje este género continua a manter a sua função ritual, inspirando-se no reportório de ou-trora, fechado a qualquer evolução séria, uma espécie de *hortus conclusus* [um jardim fechado]. Com origens obscuras na descendência de Bach (quem se lembrará da escola de Mannheim que, entretanto, desenvolveu a orquestra barroca para fazer dela a formação já tradicional?), teve um início fulgurante entre os grandes clássicos. Haydn com as suas 108 sin-fonias, Mozart com as suas 41 (números sistematicamente contestados) instituíram definitivamente este género. Contudo, foi Beethoven quem realmente se identificou com a sinfonia, apesar da sua produção relativa-mente restrita quando comparada com a dos seus predecessores: porque, para ele, cada forma é problemática, singular e difícil. As suas nove obras-primas abriram o caminho à sinfonia romântica que se inspirou nele com sorte bem desigual: Schumann e o seu "mau génio", Men-delssohn, Brahms e Bruckner, e finalmente Mahler não mudaram a forma, diluindo infinitamente os gestos lapidares de Beethoven, complicando--os quando precisaram. Contudo, todos eles inovaram, valorizando a no-ção de tema até fazerem dele um fetiche: na sinfonia romântica, o tema afirma-se como personagem ou, mesmo, como herói com que o ouvinte se identifica. Desta geração pós-beethoveniana, Brahms é indubitavel-mente o representante mais bem dotado. Tecnicamente mais hábil e tam-

DA LINGUAGEM À OBRA

bém o mais seguro de si, o mais bem instalado. Além disso, é necessário acrescentar ás suas belas sinfonias os dois concertos para piano e orquestra que, pela sua gravidade e pelo seu dramatismo, não têm equivalente neste domínio.

Também apresentaremos Bruckner que, como Beethoven, escreveu nove sinfonias (a que se resume a sua produção, para além de algumas missas), mas agora como que em antítese, para designar o que é problema nele, isto é, o estatismo dos seus desenvolvimentos, inaptos para se encarregar de uma temática, por mais bela que seja.

O *Lied* – cujas raízes mergulham na aurora das idades – renasce incessantemente e, pela penúltima vez, no Romantismo alemão (a melodia francesa será, esquematizando-se um pouco, a sua última encarnação, de Debussy a Messiaen e a... Poulenc). Em Schubert, Schumann, Brahms e Mahler, representa o Romantismo, as suas obsessões e os seus arrebatamentos.

É inútil tomar como exemplo um *Lied* romântico de Schubert, o génio incontestado deste género: *a evidência* da linguagem e da estrutura desarmam toda a tentativa de aproximação. Em compensação, no tempo do romantismo crepuscular, percebe-se em Mahler uma ruptura. Nas suas nove sinfonias, o compositor está constantemente num estado de empolamento, na «grandiloquência frustrante ou no deleite melancólico» (como diria Boulez), que utiliza um desenvolvimento orquestral excepcional. No entanto, nas suas obras para voz, apresenta outro rosto, o da melancolia desesperada, do luto por um mundo e por um eu perdidos para sempre; testemunham-no o *Canto da Terra,* os *Kindertotenlieder* [Canções das Crianças Mortas], o ciclo dos *Lieder eines fahrenden Gesellen* [Canções de um Viandante] ou o dos *Rückert Lieder* [*Lieder* sobre poemas de Rückert] de que se extraiu *Um Mitternacht.* De maneira mais simples, este *Lied* reúne estas duas faces de Mahler, o melancólico e o grandiloquente, numa dissonância que resume a tragédia deste compositor precisamente quando se afundam todas as suas certezas.

Enquanto a orquestra e o piano se tornam "consistentes" pelo poder e pela densidade dos seus sons, oferecendo uma massa sonora em que se pode – por assim dizer – esculpir corpos musicais, o quarteto de cordas é a nudez personificada do som e do pensamento que a organiza. Nenhuma virtuosidade poderá substituir-se à expressão essencial e decantada de que ele é portador. Além disso, a música para quarteto marca a história

A LINGUAGEM MUSICAL

com obras-primas e só com obras-primas: o "resto" é simplesmente relegado. Nascido já adulto sob o estilo dos grandes clássicos, Mozart e Haydn, este universo – adulto entre todos – alcança em Beethoven o seu apogeu, em Schubert os seus poderes líricos incomparáveis e, nos nossos contemporâneos, o mais árduo território de fantasias. No século XIX, no tempo do sinfonismo triunfante, o quarteto apresenta-se como um contrapoder, um antídoto a toda a retórica grandiosa e terrorista. Escreve-se um quarteto – Beethoven deu-nos um exemplo disso – para encontrar a música mais interior, para se recentrar e, também, para examinar a própria linguagem e pesquisar o próprio futuro. Por isso, Beethoven será o exemplo ideal para ilustrar o papel de quarteto de cordas. O Final do terceiro *"Razumovsky"* mostrar-nos-á claramente as estratégias beethovenianas do tempo, e o *XIV Quarteto op. 131* porá a nu a concepção formal a longo prazo e os pontos de ligação entre as suas sete partes, que tornam evidente a sua unidade.

A *variação* é o mais antigo processo musical. Deixaremos de lado o "tema variado" e as obras inocentes que originou, para justapor três obras excepcionais que, separadas por cem anos entre si, põem em questão as noções tanto do tema como... da variação, numa concepção semelhante: os *Goldberg* de Bach, os *Diabelli op. 120* de Beethoven e o *opus 27* de Webern.

Por fim, falaremos de algumas obras que escapam a qualquer género contribuindo cada uma delas com uma mensagem musical importante. *Gruppen* de Stockhausen que, ao invés, "explica" Debussy (*Cloches à travers les feuilles*) e convida a penetrar no interior do som. A *Peça X* do mesmo Stockhausen, considerada impenetrável, mostrar-nos-á o serialismo *investido* com um novo e último sentido.

A ÓPERA

Do Orfeu *de Monteverdi à* Lulu *de Berg*

Imaginemos a partitura do *Orfeu* (1607) pousada, folha a folha, no leito do tempo. Ganhemos alguma altitude para contemplar esta corrente: é toda a ópera, desde o seu nascimento e até ao nosso tempo, que se oferece ao nosso olhar. O *Orfeu* é o modelo inaugural da ópera europeia, inspirado na Antiga, a obra de arte que alia a palavra, a música, o gesto cénico e o gesto plástico. Para esta procura – realizada – ele encarna, melhor do que muitas outras obras, o espírito da Renascença. Afirmação sacrílega para os estudiosos que vêem precisamente nela o nascimento do Barroco; mas, no caso, a classificação não tem grande importância. Porque, pela sua estrutura, pelo seu valor de modelo e, finalmente, pela sua modernidade, está acima das categorias históricas – desafiando-as e superando-as.

Tracemos a sua trajectória, reduzida às suas articulações dramáticas principais. Se fizermos o mesmo com os três actos (mil páginas) da opera *Lulu* de Alban Berg (1933-1935), e os sobrepusermos aos cinco actos do *Orfeu*, verificaríamos com espanto a semelhança estrutural entre a primeira e a última ópera da história:

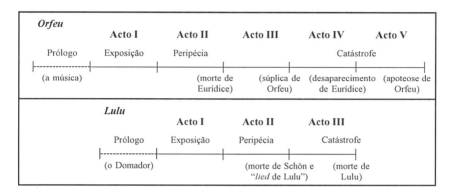

Diz-se que se trata de "formas em arco" e, certamente, a simetria destas formas ímpares (cinco actos em Monteverdi, três em Berg, uma e outra precedida de um prólogo), com as suas asas desenvolvidas à volta de um eixo central, dá crédito a esta representação. Todavia, na condição de esta ser interpolada por uma flecha descendente que a atravesse de lado a lado, que mostra, nos dois casos, a direcção fatal da tragédia: o aniquilamento.

Tudo coincide nas duas obras; mas, independentemente da peripécia (a morte dos dois cônjuges), emerge sobretudo a afirmação de um poder que acedeu ao mito: poder do canto sobre os seres e até sobre os deuses do inferno (Orfeu), poder do "eterno feminino" sobre o destino dos homens (Lulu); fracassos destes poderes tanto numa como noutra ópera, selados com a catástrofe final.

O que aparece à superfície, pode verificar-se "em relevo", se assim se pode dizer; podemos divertir-nos a aplicar aqui o antigo paradigma de Lévi-Strauss estabelecido para a análise estrutural dos mitos:

A LINGUAGEM MUSICAL

	Prólogos	Transgressões	Peripécias	Poderes mágicos	Fracassos	Catástrofes [apoteoses]
Orfeu	A Música	Esponsais que provocam o ciúme dos deuses	Morte do cônjuge (Eurídice mordida por uma serpente)	Poder do canto (súplica de Orfeu)	Eurídice desaparecida	Orfeu retalhado pelas Bacantes (o mito) / Apoteose de Orfeu (fim considerado por Monteverdi)
Lulu	O Domador	Esponsais forçados (depois da ruptura de outro noivado)	Morte do cônjuge (o Dr. Schön morto por Lulu)	Poder do "eterno feminino" (*lied* de Lulu)	Lulu na prisão	Lulu assassinada por Jack, o Estripador

Lembremos que a leitura horizontal deste paradigma "conta a história", ao passo que a leitura vertical faz aparecer as semelhanças estruturais. Parece-nos que o eixo central do *Orfeu,* se radica – não na morte de Eurídice, "peripécia" que acontece em *off* –, mas na fabulosa súplica aos deuses dos infernos, *"Possente spirto"* e, no plano estritamente musical, no coro a cinco partes polifónicas dobrado por cinco trombones, *"Nulla impresa",* um dos momentos mais fortes da obra.

Em *Lulu,* o ponto de fixação é igualmente alterado em relação à peripécia: precede e acompanha o assassínio do marido, o Dr. Schön, e encontra-se no *"Lied* de Lulu", confissão da sua verdadeira natureza («Se os homens se mataram por mim...») e na súplica que dirige ao filho de Schön, junto do cadáver do seu pai: «Não me entregues à justiça... Farei tudo o que quiseres... ser-te-ei fiel...» – outras tantas manifestações do "eterno feminino", mas o sortilégio fracassa. Lulu será presa. E Eurídice desaparecerá para sempre... «Orfeu venceu o Inferno, mas foi vencido pelas suas próprias paixões», dirá o coro no quarto acto.

Existe outro elemento que fortalece esta aproximação um tanto bizarra entre Monteverdi e Berg: a sua sensibilidade comum ao timbre e à maneira de cada um o tratar. Berg é um dos maiores mestres da orquestra moderna, não só porque sabe tirar dos instrumentos as cores mais delicadas, mas sobretudo em razão das sua concepção do timbre como elemento arquitectural da linguagem musical. Aliás, Berg manipula o timbre como homem de teatro, caracterizando, pelas suas diferenças, as cenas, as personagens e as situações dramáticas. A mesma atitude inspira o compositor de *Orfeu* – a composição orgânica do timbre, a julgar pelas suas numerosas indicações na partitura. Exemplo: «*Fu suonato questo ritornello di dentro da cinque viole da brazo,* un contrabasso, duoi clavecembani e tre chitar-

DA LINGUAGEM À OBRA

roni» ([1]). Trata-se, aqui, de alinhar um timbre ligeiro com o tempo muito rápido do trecho. Quando muito, ousaríamos dizer que, neste plano, Monteverdi também é teatral, mas um pouco mais funcional do que Berg? Em todo o caso, o seu apetite instrumental é impressionante, e é instrutivo – e divertido – ver a lista das suas exigências (que deviam fazer mal ao coração do duque de Mântua, cuja avareza era bem conhecida):

5 trombetas com surdina
timbales
2 cornetas de caça (cornetti)
5 trombones
2 flautas (uma das quais piccolo – "alla vigesima seconda")
2 partes de violinos (dois executantes para cada parte)
2 «violini piccoli alla francese»
2 partes com violas (altos, dois executantes por cada parte)
Contínuo:
2 violoncelos («basso da brazo»), para dois
3 violas («bassi da gamba»)
2 contrabaixos
2 gravicembali (cravos)
2 órgãos positivos
2 regais
3 *chitarroni*
3 *ceteroni* (provavelmente cistres)
2 harpas
!...

As *sinfonias* [antigas], intermédios de reflexão ou comentários sem palavras, desempenham um papel análogo ao do coro antigo. São alternadamente de escrita vertical (harmónica) e polifónica, e asseguram, graças a subtilidades rítmicas, uma ligação com as intervenções vocais, porque a sua célula rítmica mãe é deduzida da prosódia. Além disso, sofre, a "curto prazo", variações dos seus próprios valores. A "longo prazo", as grandes estruturas correspondem umas às outras, muito ou pouco, formando alternâncias felizes, numa diversidade na unidade, sendo esta muito mais sólida, dado que todos os ritmos procedem uns dos outros:

([1]) «Este refrão será [terá sido] tocado por cinco violas "da braccio", um contrabaixo, dois cravos e três *chitarroni*».

A LINGUAGEM MUSICAL

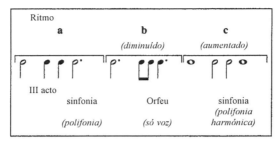

Ex. 17

Enquadrado por uma *toccata* executada três vezes seguidas e por uma moresca, ambas heterogéneas, a ópera inicia-se pelo Prólogo. A voz é introduzida por um *ritornello* inicial que é uma das chaves da obra: Monteverdi, como se estivesse apaixonado, fará ouvir esta pequena jóia por seis vezes, como refrão, no prólogo e no primeiro acto, para fixá-la bem na memória; a partir daí procuramo-la, mas terá desaparecido como Eurídice, e desesperaremos por não voltarmos a ouvi-la.

Ex. 18

A sua lembrança é uma fruição quase dolorosa: um ser amado partiu – ei-lo diante de nós e fala-nos... Porque este *ritornello* aparece repentinamente para fechar o segundo acto, depois para abrir o quinto. «Lembra--te – parece dizer – eu sou a marca de uma tragédia.»

Ora o *ritornello nunca desapareceu!* Tendo realizado a sua função de refrão no Prólogo (não confundir este com a *toccata* inicial), transmite o seu ritmo aos coros que, a partir do segundo acto, se tornam em geral puramente instrumentais e têm desde então o nome de *sinfonia,* inspirados pelo mesmo ritmo. Entretanto, a divina melodia do *ritornello* metamorfoseia-se, mascara-se, ficando irreconhecível nos coros e nas *sinfonias:* mas continua presente, por detrás destes disfarces.

Ex. 19

Todas as peças instrumentais do *Orfeu* dependem, muito ou pouco, de um ritmo fundamental inspirado pela palavra, ou seja, a unidade profunda, muitas vezes secreta, que faz desta obra um corpo vivo. A sua beleza está fora de questão.

SINFONIA [CLÁSSICA]
Uma certeza (Beethoven) e uma interrogação (Bruckner)
Para Beethoven, a sinfonia não será um terreno experimental (como serão as sonatas e os quartetos), mas um cadinho de elementos com relações "escaldantes", expressão de uma natureza autoritária e conquistadora. Além disso, o compositor trabalha no quadro de uma forma consagrada, laborando sobre a exasperação das forças em presença levadas ao máximo da sua eficácia. Os elementos do discurso (harmonia, tempos, intensidades, etc.) são aqui mais do que nunca reagrupados *conjuntamente,* em feixes convergentes e orientados que, quando Beethoven os separa e os põe uns contra os outros, provocam as mais fortes tensões. E, então, o ouvinte parece tornar-se o joguete destes conflitos violentos.

A LINGUAGEM MUSICAL

Admite-se que a *Terceira Sinfonia* inaugura a renovação do género e prepara o advento do Romantismo. Mas a *Segunda* já contém toda a linguagem sinfónica de Beethoven. E, de uma só vez, impõe o culto do contraste, aqui alargado ao nível da totalidade da forma do primeiro andamento. Com efeito, a obra começa com uma Introdução *adágio* de 33 compassos, muito suavemente, precedendo o ataque violento do *alegro* inicial, formando assim, a "longo prazo", um par formal contrastante.

O tema do primeiro andamento é puramente rítmico. Batido a dois tempos, exige um "tempo crítico" (extremamente rápido) para desenvolver a sua eficácia:

Ex. 20

Mais tarde, depois de instalado este ritmo, Beethoven comprazer-se-á a deslocar o seu acento principal do primeiro para o terceiro tempo, mas esforçando-se cuidadosamente por dar uma referência a este "atropelo", para que seja entendido como tensão:

Ex. 21

O segundo tema, habitualmente "lírico", é aqui uma fanfarra, primeiramente enunciado *piano* e, depois, *forte;* trata-se ainda de um par formal contrastante (embora mais condensado, com duas vezes 4 compassos).

O silêncio entra em jogo, como *ritmo,* mas é a pequena célula de lançamento que assegura o desenvolvimento e triunfa na conclusão:

Ex. 22

Deixemos (contra vontade) o belo *Larghetto*, para demorar um pouco no início do *Scherzo*; nele se concentra todo o "novo Beethoven", no jogo das massas, das intensidades e dos timbres – estruturas delicadas, apesar do seu aspecto "rústico":

Ex. 23

No compasso 1, um acento no primeiro tempo, para toda a orquestra, *forte,* seguido de uma perda de massa (cordas graves). No compasso 2, diferença acentuada (mas "negativa"), prolongada somente pelos primeiros violinos, diferença de intensidade (*p*) e de registo. "Duplicação" nos compassos 3 e 4. Diferença considerável de timbre no compasso 6 (1os e

A LINGUAGEM MUSICAL

2ᵒˢ violinos), mais dois oboés no compasso 7, provocando uma nova diferença de timbre. E subitamente um *tutti fortissimo* para terminar o período. Que delicadeza na distribuição musical! Tudo isso podemos ver como que em cinemascópio, não sendo sequer preciso conhecer as notas. E como tudo isso se percebe tão bem!

O *"Allegro molto"* final começa de maneira abrupta (já chegámos a classificá-lo de «bouleziano». Os saltos de registos entram em cheio; o tema é duplo: depois desta explosão violenta,

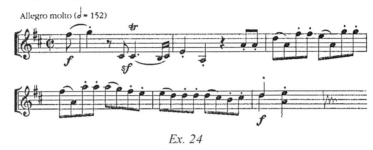

Ex. 24

opõe-se-lhe uma longa frase dos violinos *piano,* que cortam dois poderosos acordes finais. Com este material, Beethoven formará quatro "blocos de tempos" que, pouco a pouco, irá desdobrar, lançando fragmentos rítmicos para a fornalha. Desde então, a sua "locomotiva" funciona em "tempo com palpitação ritmada" irresistivelmente projectado para diante. Tudo estala, geme, ruge, explode...

*

Enquanto Beethoven é breve na sua temática e abundante nos seus desenvolvimentos (num encadeamento consecutivo), Bruckner, pelo contrário, é longo e generoso nos seus temas, mas impotente para os desenvolver. O desenvolvimento (a *Durchführung*) é o próprio espírito do sinfonismo alemão, em que Beethoven permanece coerente consigo mesmo; em Bruckner, há uma contradição – ou, antes, limitações de ordem intelectual, uma dificuldade em compreender esta contradição fundamental e em resolvê-la. Na *Sétima sinfonia* em *Mi maior*, uma das mais célebres, o primeiro tema do movimento inicial é de uma grande beleza; estende-se por 24 compassos.

DA LINGUAGEM À OBRA

Ex. 25

Em quatro frases intimamente ligadas, este tema forma um pequeno recitativo, destruindo-se o seu aspecto e a sua coerência ao fragmentá--lo, e mesmo variá-lo, num desenvolvimento a longo prazo (total de 440 compassos). Além disso, Bruckner recorre à repetição amplificada de volume e de massa, à transposição simples para outras tonalidades, não menos que a temas auxiliares que lhe permitem ocupar o tempo e adiar os acontecimentos mais importantes. O processo repetitivo mostra-se particularmente penoso com o segundo tema do movimento, na dominante (como deve ser) que, apesar de ser mais curto e contrastante, não se torna menos fastidioso, devido à grande pobreza de meios do seu desenvolvimento: repetições, marchas harmónicas (sequências reais), motivos auxiliares, etc., que inclui uma coda de notável pobreza rítmica.

Belo é o tema do *adágio,* cuja composição Bruckner inicia com o pressentimento da morte de Wagner e enlutado com a notícia desta. Em homenagem ao compositor do *Ring,* Bruckner emprega aqui cinco tubas wagnerianas que dão ao conjunto uma coloração sombria. Este tema é, por si só, uma pequena sinfonia de desenvolvimento interior, pois dura 36 compassos! Que poderia fazer o músico senão repeti-lo de várias maneiras, quase sem o transformar (de outro modo atacaria profundamente este belo rosto) e, finalmente, fazer dele uma importante (e interminável) variação schubertiana cuja ingenuidade contrasta com uma coda concentrada...

O *LIED*

"Um Mitternacht" *de Mahler*

A simplicidade – e também a contradição – caracteriza este *Lied* que pertence à série dos *Rückert Lieder*.

Esta peça é constituída por dois – e só dois – elementos: um ritmo marcado (a) que sofre algumas variações e uma escala (b) descendente (mais raramente ascendente):

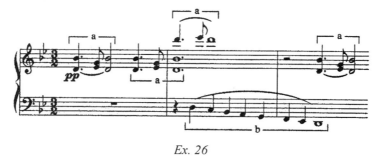

Ex. 26

O primeiro elemento (a), que aparece revestido de harmonias de trompetes longínquas, é um apelo nocturno e secreto, obsessão de Mahler desde sempre (o *Wunderhorn,* a trompete maravilhosa, que também encontramos no segundo *Lied* do *Canto da Terra,* ecoando nas brumas do Outono). Em *Um Mitternacht,* este ritmo sofre visíveis aumentos ou transformações, em que a mais espectacular produz uma diferença de timbre e de intensidade inesperadas: "estridente", anota Mahler.

O segundo elemento (b) parece ter uma função melódica que se manifesta primeiro no piano ([2]) e, mais tarde, na voz. Mas é sobretudo a sua orientação que Mahler considera importante: a descida desta voz para o grave dá um timbre sombrio às palavras do texto – uma solidão e um desespero. «À meia-noite / nenhum pensamento de luz / me consolou / à meia-noite». Além disso, estes versos coincidem com uma variante cromática da escala (b) – cromatismo (m) que, se nos recordarmos, conota a tristeza na semântica elementar das figuras sonoras (ver página seguinte).

«À meia-noite / ouvi as batidas do meu coração» é ilustrado pela escala descendente mais fortemente acentuada imitando as batidas segundo esta semântica simples. Os mesmos materiais subentendem a confissão de impotência de o poeta vencer na batalha travada em nome da huma-

---

([2]) Lembremo-nos de que os *Rückert Lieder* são tocados, frequentemente, na sua versão orquestral (devida ao próprio Mahler).

DA LINGUAGEM À OBRA

Ex. 27

nidade sofredora. E a gama descendente atinge o extremo grave... Repentinamente, ecoa um *dó maior* poderoso: «Senhor, será nas tuas mãos que deporei a minha força!». Mas esta abdicação e este recurso são acompanhados com grandes harpejos de *sol* e de *dó maior*, e toques de trombetas – do que há de mais banal – num grandiloquente *happy end*.

Aqui, confirma-se simbolicamente o destino deste compositor do crepúsculo e da crise – crise da poética, crise do conhecimento do homem – e o seu esforço desesperado de o actualizar pela afirmação musical insistente de uma tonalidade a caminho de perder as suas forças... Assim nos aparece a música de Mahler – desdobrada até ao trágico –, expressa aqui por este *Lied* aparentemente inocente.

O QUARTETO

O andamento final do *Quarteto op. 59* nº 3 de Beethoven mostra-nos – mas convém que o escutemos, se quisermos falar dele seriamente – aquilo a que chamaríamos as «estratégias a longo prazo», quer dizer, as relações diferenciais na organização das estruturas e a sua *gestão* tendo em vista um tempo musical com uma frescura constante.

Este andamento apoia-se num princípio de fuga, pelo menos esporadicamente e na medida em que é útil à estratégia. A velocidade é – deve ser levada – ao limite do executável: cada colcheia, unidade de valor da peça, dura aproximadamente 1/10 de segundo, não sendo – mas é! – quase perceptível ao ouvido. Quer dizer que, aqui, não se trata de relações a pormenorizar a curto prazo; trata-se, antes, de ondas sonoras cuja ambiência geral e timbre conseguimos perceber e acompanhar.

As quatro entradas das vozes instrumentais fazem-se na ordem descontínua 3-2-4-1 (alto, segundo violino, violoncelo e primeiro violino).

Logo depois destas entradas, Beethoven «quebra» a fuga e produz uma diferença de escrita espectacular, com grandes blocos de acordes que marcam de quatro em quatro o fluxo das colcheias que nunca mais pára (estamos em tempo "pulsado" ou "estriado" da mais dinâmica natureza). Uma queda do agudo para o grave e do *forte* para o *piano,* no primeiro violino solo (diferenças "negativas") conduz a um jogo de pequenas figuras reversíveis (ascendentes/descendentes) e, depois, a uma explosão de registos, a um triplo salto para o grave e a uma nova escrita, por movimentos contrários, em espelhos (x). Eis tal passagem:

Ex. 28

Agora só falta inventar uma progressão em grandes vagas (de oito compassos cada uma), atribuídas sucessivamente a cada instrumento e caracterizadas pelo seu timbre: Beethoven especifica a corda em que deve ser executada: *na de sol* no primeiro violino, *sobre a de ré* no segundo, *sobre a de dó* no alto, etc. E agora que fazer – pergunta a si mesmo o regente – para manter a pressão, a vida? Uma vez mais mudar de escrita, introduzir terríveis acordes *ff* longos – enquanto um instrumento, sempre diferente, assegura e mantém a pulsação...

Ao fim de uma repetição em que tudo é identificável, o que constitui um novo aspecto da "informação", pela memória, aproximamo-nos da saturação, através do *trilo* (novo elemento), das massas variáveis e dos acentos em contratempo. É, então, que se produz a ruptura estratégica mais espectacular:

Ex. 29

Explosão de registos, silêncios repentinos, deflagração rítmica e silêncio de pasmar – tudo isto tenta "apagar" tudo e permitir um novo começo, em *piano*. A partir deste "mínimo", tudo aumentará como uma onda – para, finalmente, se quebrar em dois acordes terminais de dez e onze sons.

*

Falta-nos ainda tratar *a grande forma* e o problema espinhoso da sua audição. Já vimos que, por exemplo, numa "forma de sonata" – compósita e até híbrida e cheia de contradições, forma problemática por excelência tal como o compositor no-la oferece – o papel do ouvinte é considerável na *confecção* da sua unidade – um trabalho muito gradual de ligações. São raras as obras em que o autor nos dá pontos de referência, pelo menos pontos de referência visíveis. Deste modo, uma vez mais é Beethoven quem nos dá uma oportunidade de perceber pontos de ligação efectivos entre movimentos. De facto, o *Quarteto op. 131* em *dó sustenido maior* é feito de peças e de trechos em número de sete, «roubados aqui e ali e reunidos», como o músico afirma em carta ao seu editor. E, no entanto, o quarteto é de um único contínuo... Isso requer algumas explicações, não menos do que um olhar sobre as belezas singulares desta obra-prima (a preferida de Beethoven).

O primeiro andamento, *Adágio ma non troppo e molto espressivo,* é uma fuga ou, melhor, um adeus à fuga; porque Beethoven começa por subverter a sua natureza, para futuramente acabar por reduzi-la ao academismo. A *Grande Fuga op. 133*, escrita um ano antes, era o lugar de conflitos selvagens entre polifonia e harmonia (voltaremos a este assunto no último capítulo); mas era uma verdadeira fuga. Em compensação, a que inicia a *opus 131* desempenha um papel estranho e alheio a esta forma de essência sobretudo abstracta; ela existe para fazer ecoar em todo o espaço das suas vozes um tema profundamente expressivo, marcado interiormente por um estigma doloroso:

Ex. 30

Destina-se a invadir-nos e a sua disposição polifónica procura envolver-nos, aprisionar-nos nas suas redes...

O segundo andamento é uma tarantela. Como ligá-lo ao anterior? Por um simples "nó" harmónico, em que se vê o ponto de chegada *dó sustenido* (tónica da obra) "resolver-se" em *ré*, artifício que permite a percepção interpretar o *dó sustenido* anterior como "nota sensível" do novo tom.

Ex. 31

Da tarantela ao breve recitativo que tem o n° 3 (estes números são do próprio Beethoven), novo nó de ligação – questão que ilude a resposta esperada. Depois de uma cadeia de modulações que – dir-se-ia – procura despistar-nos, Beethoven vibra um poderoso acorde de dominante que conduzirá directamente ao tom de *lá maior* do n° 4, *Andante ma non troppo*, peça central da obra.

Trata-se de um *Andante* com variações cujo tema simples e as primeiras transformações não deixam de modo nenhum antever as extravagâncias posteriores. Estas começam na terceira variação e culminam na quinta, totalmente despojada, "branca", reduzida a uma carcaça harmónica. Tudo se passa como se se reconstruísse uma melodia "noutro lugar" – nos cordelinhos invisíveis que atravessam um vastíssimo espaço de onde emergirão alguns fragmentos mais visíveis, mas dificilmente ligados ao tema inicial.

A sexta variação, também em *lá maior*, é absolutamente espantosa. De súbito, num canto cheio de fervor – dir-se-ia um coral –, o violoncelo destaca-se e executa uma célula furtiva, fantasma que vem alterar a paz de maneira cada vez mais perturbadora e inquietante... Daqui em diante,

A LINGUAGEM MUSICAL

sucedem-se fragmentos de variações, em rupturas e em caprichos, de onde o tema ressurgirá *in fine,* em estranhas acelerações. A transição para o quinto andamento, um *Presto* em *mi maior,* é audaciosa e até quase arrogante: Beethoven dá-nos a ouvir uma figura breve do acorde em *mi,* rodeado de silêncios, preparando com este "parêntese" o ouvinte para a nova tonalidade de *mi maior* e para a temática futura: «Eis o que vos espera!» – parece dizer.

Mas a mudança de tonalidade tem pouco valor em relação ao princípio de repetição que comanda esta peça; é uma espécie de *ensaio sobre a repetição* e sobre a memória constantemente provocada e provocante que só espera o retorno do seu objecto favorito, os oito primeiros compassos da peça, à maneira de refrão. Que arte de adiar estas reaparições, por meio de *ritardandi,* dos retalhamentos, das minivariações, dos *estretos* ([3]), dos silêncios, dos *pizzicati* – e que alegria por voltar a este refrão! Este *scherzo* passa em alguns instantes – parece-nos –, embora os seus poderes dinamizadores se estendam por 500 compassos (sem contar as repetições)...

Uma modulação brusca e aquela alegria louca transforma-se em canto de luto. Considera-se o *Adágio* nº 6, em *sol sustenido menor* uma introdução ao andamento final. Por causa dos seus 24 compassos comparados com os 400 deste último? Não se trata disso, pois já vimos que as dimensões desproporcionadas são correntes em Beethoven, sobretudo quando se trata de uma peça de grande intensidade. Marliave ([4]) defende a introdução, mas escreve: «Em toda a obra dos quartetos não há um canto de resignação mais expressivo do que este».

No final, o compositor faz grandes manobras para encontrar o tom inicial de *dó sustenido* que fixa no *Alegro* final. Trata-se de um alegro--de-sonata, porque o rondó tradicional morrera já sob a pena do último Beethoven. Fuga no começo, alegro de sonata no final! E mais: passagem, em repetição, dos temas do andamento anterior e, sobretudo, do tema da fuga inicial, invertido, direito e retalhado – uma ponte suspensa no tempo e na memória, que perfaz a unidade da obra.

([3]) Sobreposições cerradas de um objecto musical, roupagens de um tema (nas fugas).

([4]) Joseph de Marliave: *Les Quatuors de Beethoven,* Paris, Alcan 1925. Marliave, que morreu jovem durante a Primeira Grande Guerra, deixou-nos – inacabada – uma obra-prima, uma única, embora um pouco obsoleta, que apresenta os Quartetos na sua realidade. A sua visão, não obstante clássica, é lúcida, competente e delicada. Estamos longe da obra de Joseph Kerman que parece ser a mais aceite actualmente, obras "de prof" no pior sentido do termo.

Ex. 32

A VARIAÇÃO

Trataremos conjuntamente as *Variações Goldberg* de Bach, as *Diabelli op. 120* de Beethoven e a *opus 27* de Webern, três obras-primas excepcionais, intimamente ligadas para além da história, que contestam a noção tradicional de "variação" e, consequentemente, a de "tema", devendo este ser substituído por uma noção de *programa*. Com efeito, nestas três obras, não se trata, de modo nenhum, de um "tema gerador", mas de um princípio abstracto que atravessa o texto de cada uma das "variações", sendo estas, aliás, outras tantas invenções musicais livres.

As *Variações Goldberg* de J. S. Bach, *BWV 988*, compreendem trinta variações, independentes da *Ária* que as precede a título de tema. Estão agrupadas em dez vezes três, consistindo cada "trindade" numa variação livre, um virtuoso (a dois teclados) e um *estreto*, em cânones que vão do uníssono ao intervalo de nona (estes conjuntos apresentam algumas mudanças). É impressionante a sua autonomia, o seu rigor e também a desenvoltura com que negam um parentesco figurativo com a Ária. Entretanto, o que instaura a sua unidade, o que faz desta obra um todo orgânico e simétrico em duas partes de 16 compassos cada, que vão da tónica (*sol*) à dominante (*ré*) e, depois, da dominante à tónica.

Esta grelha harmónica – de facto, uma cadência em duas fases – é tão poderosa e tão grande a sua força unificadora que permite que o sistema por ela regido integre sem contradição todos os objectos musicais reais ou inventados que possuam uma estrutura conforme com o programa. E é o que se produz ao longo da obra e até à derradeira "variação" (?) intitulada *Quodlibet,* que é apenas uma canção popular intitulada *Ich bin so lang nicht bey Dir gewest* e que aparece aqui com a maior naturalidade do mundo.

Ex. 33

Estes "objectos achados" serão, porventura, variações da Ária inicial? E se Bach tivesse preferido intitular a sua obra de «Trinta variações Goldberg ([5]) sobre um tema popular»? Ficaríamos espantados... O "tema" é tão-só um agente unificador, cuja inscrição no título não lhe confere nenhum estatuto privilegiado. Quanto às "variações", constituem o texto da obra, a sua própria substância, autónoma e não derivada.

Há analogias espantosas entre as *Goldberg* e as *Diabelli op. 120* de Beethoven, compostas cem anos mais tarde. A sua história é conhecida: em 1820, o editor Diabelli propôs uma valsa de sua autoria a diversos músicos residentes em Viena. Schubert concorreu lado a lado com o arquiduque Rodolfo, o "aluno" medíocre e fiel de Beethoven, e Czerny – o mais jovem Liszt com apenas onze anos. Inicialmente, Beethoven pareceu não se interessar absolutamente nada por isso. Mas, repentinamente, em 1823, dá-se a explosão: trinta e três variações – uma hora de música, uma obra-prima. Porquê? Sem dúvida, o compositor acabou por perceber que a valsa de Diabelli não tinha – por assim dizer – nenhum traço característico; por conseguinte, um rosto sem traços ofereceria ao músico a possibilidade de imaginar muitos outros! A ária de Bach é bela; mas Bach não hesita em ignorá-la; a valsa da *opus 120* é neutra: tanto melhor para Beethoven retalhá-la inteiramente. A primeira "Variação Diabelli" é uma marcha a quatro tempos que esmaga impiedosamente a valsa... Mas o que ali conta é que as duas obras funcionam num programa harmónico e, ainda por cima, *o mesmo.* Mas, enquanto o de Bach é mais

---

([5]) Goldberg era o cravista do conde Keyserling que – segundo Forkel – povoava de música as noites de insónia do seu amo.

subtil, o de Beethoven é mais "grosseiro". É um modelo universal da música tonal, seja "erudita" ou popular, de Mozart ou dos Beatles:

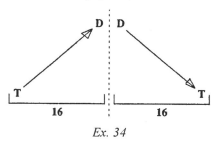

Ex. 34

Beethoven – exactamente como Bach – vai atribuir a este pseudotema não uma função "geradora", mas uma função preexistente a trinta e três situações musicais diferentes, unindo-as todas.

A cem anos de distância, eis que os nossos dois génios na mesma problemática da variação – ou, mais rigorosamente, na sua superação – acabam por chegar, cada um com a sua linguagem específica, aos mesmos resultados. Assim, todos "os objectos encontrados" poderão integrar a obra, desde que estejam conformes com o programa: um *Quodlibet* popular em Bach e em Beethoven, a primeira ária de Leporello em *Don Giovanni* de Mozart, *«Notte giorno faticar»*, XXII variação... Diabelli! Mas trata-se sobretudo de inventar *uma profusão* de objectos novos e singulares que o sistema integra, e não de glorificar, ornamentar ou desenvolver um único objecto chamado tema. Por isso, formulemos a diferença entre estas duas concepções da variação. Uma, a clássica, mostra um objecto a luzes diferentes (*Lison dormait* de Mozart); outra, audaciosamente, apresenta *diversos objectos à mesma luz, que os atravessa*. Esta definição – que eu já propunha há quarenta anos ([6]) – é devida a Stockhausen e refere-se à série que não é sujeito, mas agente unificador. Ora, como funciona uma série?

No capítulo anterior, já falámos longamente do nascimento, da evolução e da técnica da série. Antes de falar das suas últimas consequências, vejamos como ela se une à variação, numa obra exemplar, as *Variações op. 27* de Webern.

Aqui a presidência é assumida por uma série dodecafónica. Um tema? Seguramente que não; porque nunca aparece nem como modelo nem

---

([6]) André Boucourechliev, *Beethoven*, Le Seuil «Solfèges» 1963.

A LINGUAGEM MUSICAL

como início nem como sua forma original ([7]); na verdade, nunca aparece na *opus 27* numa forma privilegiada, embora esteja sempre presente, quer como referência quer como material. De facto, nenhuma nota lhe é alheia. Mas, *a priori,* não tem princípio nem fim nas suas evoluções. Como a grelha harmónica das *Goldberg* e das *Diabelli,* ela é um programa. Programa no sentido moderno que rege um sistema de comportamentos possíveis. O programa – já se disse o suficiente – não é um objecto nem um reportório, mas uma *linguagem.*

OBRAS SINGULARES DE HOJE E DE ONTEM
Stockhausen

De Webern aos músicos do pós-Segunda Guerra Mundial, o serialismo evoluiu muitíssimo (antes de se eclipsar nos nossos dias – tendo deixado uma marca profunda em muitos músicos). Começou por ser gramática e transformou-se, depois, em fetiche; por fim, desviando-se das aspirações iniciais, da obsessão de rigor que tinha assumido para si mesma, ignorou o número 12 e até as próprias notas, para se tornar uma maneira de pensar. (Não falamos dos epígonos do serialismo, demasiado felizes por continuar a recorrer a um "sistema seguro".)

Já no decurso dos anos sessenta [do século XX], a série tinha deixado de reger directamente as alturas dos sons, as durações e algo de concreto – atendo-se a proporções abstractas, acentuando assim a sua função de programa (anteriormente pressentida por Webern, como vimos).

Com a *Peça para piano nº X* (1961) de Stockhausen, o pensamento serial atingiu o seu mais alto grau de abstracção e, indubitavelmente, a sua derradeira fase evolutiva. É desta última função da série que queremos falar, com um olhar sobre esta peça, um olhar aparentemente "técnico", mas de facto bastante fácil de seguir, pelo menos quanto aos princípios que pretende esclarecer. O tema da obra é a passagem progressiva da desordem para a ordem – por extensão, da massa mais ou menos indife-renciada para o organismo altamente individualizado, sendo o contraste imediato considerado o estado mais primitivo dos pólos antagonistas. Para Stockhausen trata-se, portanto, de criar uma trajectória mediatizada

---

([7]) A forma "original" é uma noção schönbergiana puramente ilusória; no fundo, ela não existe (salvo quando desempenha um papel temático), porque faz parte das quatro sacrossantas formas seriais rigorosamente equivalentes, podendo cada qual ser considerada "primeira". Desta maneira, a "recorrência" (a série lida do último para o primeiro dos seus doze sons poderia chamar-se "original" e vice-versa.

DA LINGUAGEM À OBRA

entre estes extremos. «Entre o preto e o branco considerados opostos – dizia ele por analogia –, é necessário encontrar um caminho descontínuo que os ligue, composto de diversos tons de cinzento». Para ele, era esse o papel essencial da série.

Nesse sentido, estabelece uma série de 7 valores abstractos e descontínuos, a saber, 7 1 3 2 5 6 4. Os algarismos 7 e 1, lado a lado, indicam um máximo e um mínimo a mediar: 3 e 2 são descendentes, 5 e 6 ascendentes; o 4 é o valor médio que desempenha um valor axial importante.

A forma da obra é construída em 7 fases que se obtêm escrevendo 7 vezes seguidas a série, escolhendo em cada leitura, primeiro, todos os sextos algarismos, depois todos os quintos, todos os quartos, etc. É evidente que todos os primeiros voltam a dar a série original.

71325647132564713256471325647132564713256471325647132564	= Fase I
6 5 2 3 1 7 4	= Fase II
5 3 7 6 2 1 4	= Fase III
2 7 5 1 6 3 4	= Fase IV
3 6 1 5 7 2 4	= Fase V
1 2 6 7 3 5 4	= Fase VI
7132564	= Fase VII

(segundo H. Henck)

Ex. 35

Os 7 elementos da série, nas 7 fases, serão na sequência combinados com 7 grandes durações de base, para que nos 49 "lugares" assim obtidos cada elemento esteja ligado a uma única duração. Até aí lidamos com elementos puramente abstractos que se têm de encher de substância, de matéria sonora ([8]).

Um dos caprichos de Stockhausen é, desde sempre, a identidade necessária do pensamento e da matéria-prima. Por isso, considera que a matéria-prima da *Peça X* já deve dar conta da sua futura realização e vice-versa. Nesta perspectiva, aquilo a que provisoriamente chamámos "elementos" são, de facto, 7 *caracteres* que correspondem ao tema da

---

([8]) Toda a análise desta obra – e, consequentemente, também este esboço – seria impossível sem um conhecimento directo e pormenorizado das intenções do compositor, dos seus protocolos de elaboração, etc., o que foi conseguido pelo pianista Herbert Henck, a fim de redigir a sua análise notável da *Peça X*. O seu trabalho, dactilografado, foi publicado tal qual, bastante clandestinamente (Musikverlag Gotthard Döring – Herrenberg). Considero muito lamentável que este trabalho ainda não tenha sido traduzido (ao que sabemos) e difundido fora da Alemanha.

composição: passar da desordem à ordem e do barulho ao som, numa continuidade que assegura a série mediatriz (o "barulho" já não é tabu).

Por conseguinte, os caracteres apresentam-se sob duas espécies, isto é, como sons ou acordes, assimilados à "ordem" e como agrupamentos (cachos de sons vizinhos e de densidades diferentes) assimilados à "desordem" (ao ruído):

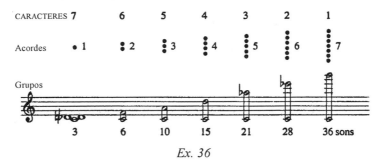

Ex. 36

Aqui observar-se-á a inversão das grandezas: o caracter 7 designa um único som ou um grupo mínimo, enquanto o caracter 1 corresponde a um acorde de 7 sons ou a um agrupamento de 36 sons tocados com o antebraço. (N.B. Uma variante da série de Fibonacci ([9]) determina o número de sons dos grupos: +3, +4, +5, +6, etc. – isto é, 3 6 10 15 21 28 36.)

A organização temporal é uma das dimensões mais importantes da obra e também a mais complexa.

Trata-se, em primeiro lugar, de fazer de maneira que um dos caracteres em cada uma das fases possua um valor diferente, mas a duração global de cada fase seja a mesma. Esta duração, sempre máxima, é determinada pela predominância integral, de cada vez, de *um* carácter que, então, "marca" a fase da sua personalidade própria.

A organização temporal, de que aqui damos apenas o esquema, efectua-se em quatro etapas:

1. Estabelecimento das durações ou tempos de base.
2. Divisão de cada duração de base em duração de acção e duração de silêncio (segundo uma série de proporções simples).

([9]) A série clássica de Fibonacci obtém-se, para cada novo algarismo, adicionando os dois algarismos precedentes: 1, 2 + 1 = 3, 3 + 2 = 5, 5 + 3 = 8, 8 + 5 = 13, 13 + 8 = 21, etc. N.B. Dividindo-se um número pelo número anterior, obtém-se a secção de ouro (que é uma constante: 1,6...).

DA LINGUAGEM À OBRA

3. Estabelecimento dos valores de durações de acções (grandes durações gerais, muito diferenciadas, referidas na partitura por cima do texto musical).

4. Repartição dos *ataques* dentro destas durações (o algarismo determina os grupos de ataque como, por ex.: caracter 7 = em sete grupos; caracter 2 = em dois grupos).

Nota-se que só existem ataques e números de ataques; não valores rítmicos concretos (também se nota – diga-se de passagem – que não há uma única referência às alturas dos sons; aos olhos de Stockhausen são uma questão absolutamente acessória, que ele tratará rapidamente *in extremis*). Em compensação, vê-se que o que importa são as repartições dos ataques, expressos em colcheias triplas, no interior de uma duração de acção global. Esta repartição de ataques rege o ritmo "quântico" (se ousamos dizer) e, por conseguinte, produz *densidades* diferentes; mas a noção de valor rítmico individual (do género *fá sustenido* colcheia com ponto de aumento ou aumentação) já não existe...

Deixemos aqui estas considerações que, aliás, se tornam cada vez mais complexas e analisemos, antes, uma página da partitura (a pág. 11) ([10]), cuja chave de leitura actualmente possuímos (ver exemplo 37).

Estamos no fim da fase 2, caracter 1 (grupos de 36 sons). Vemos claramente, a partir do grande valor da breve, a repartição dos 28 ataques em grupos de 3/2/5/6/4/7/1 (que é a segunda permutação circular da série inicial 7 1 3 2 5 6 4). Notar-se-á também a enorme duração de ressonância (de "silêncio habitado") em que termina este grupo de acções que acaba num *fortissimo*. Em nenhuma outra obra de piano, em todo o mundo, existiram e se atingiram esta calma absoluta, na audição imóvel de uma ressonância, nem esta violência explosiva de certas deflagrações do caracter 1.

Em conclusão, acrescente-se que esta peça, cuja redacção apresenta por vezes alguns automatismos, de permutação simples, tem – quando ouvida – uma força expressiva fabulosa, revelada pela sua audição ([11]). É uma das obras-primas do nosso tempo.

([10]) Universal Edition, Viena.

([11]) As gravações desta *Peça* são tão raras como as execuções públicas (em Paris, em dez anos, foi tocada unicamente por Alain Neveux e Pollini). Procurar-se-á, ao acaso, o disco de Rzewski (Wergo) – soberbo, de Aloys Kontarsky, CBS – os dois em 33 rotações. E a integral das *Peças para piano* por Herbert Henck – Wergo, CD.

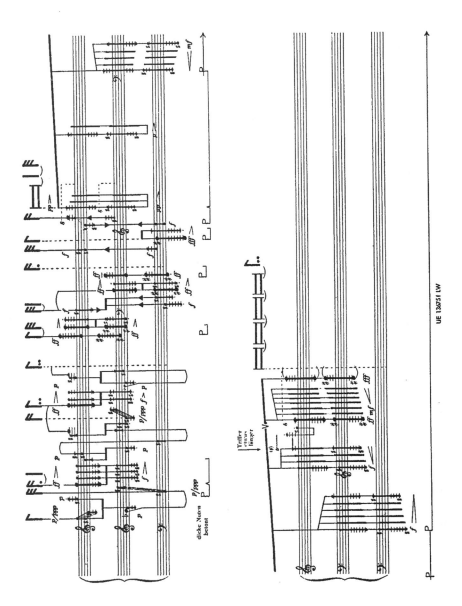

Ex. 37

DA LINGUAGEM À OBRA

Depois desta obra que mostra a passagem de uma concepção serial abstracta para uma obra "extrema", tentemos, com *Gruppen* para três orquestras (1956) do mesmo Stockhausen, *penetrar no interior do som* ([12]).

Aqui, também se sobrepõem a concepção teórica e o resultado concreto (casos extremamente raros, apesar de tudo) – ou, antes, a especulação teórica é posta em condições de produzir o resultado esperado. Isso – que grande paradoxo! – não implica necessariamente a "justeza" da teoria, mas a sua fecundidade quanto a uma renovação da audição em geral. Digamo-lo sem rodeios: é uma teoria *utópica,* um esplêndido fantasma. Mas é na medida em que esta teoria pode ter uma incidência enriquecedora na nossa maneira de ouvir que assumimos o risco de abordar um terreno especulativo como o de *Gruppen.*

Stockhausen parte do postulado segundo o qual as fases ([13]) acústicas perceptíveis são de duas ordens: durações e alturas consideradas como dois aspectos de um único e mesmo *continuum* temporal. Mais claramente: quando se diz 440 períodos por segundo [ciclos por segundo ou hertz], afirma-se uma proporção de tempo; o que, na verdade, equivale à nota *lá.* A oitava deste *lá* no agudo é de 880 períodos por segundo; emitindo-o, efectua-se, segundo Stockhausen, uma *oitava de tempo.* O músico conceptualiza esta "equivalência", em primeiro lugar, experimentalmente. Auxiliadas por um instrumento vulgar de controle, o osciloscópio, que produz impulsos electrónicos de velocidade regulável,

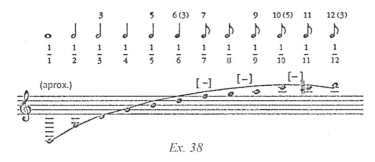

Ex. 38

([12]) Encontrar-se-á, no fim destas considerações (p. 90) e para uso de quem receia seguir-nos, um breve *abstracto* destas.

([13]) A noção de fase é aqui diferente da utilizada na *Peça X.* Stockhausen chama fase à «distância temporal entre duas *diferenças* produzidas no campo acústico» – termo que é contestado pelos cientistas.

N.B.: Tudo o que concerne a elaboração teórica e prática de *Gruppen* encontra-se no artigo de Stockhausen «... *Wie die Zeit vergeht...*», de 1956, trad. francesa: «... Comment passe le temps...», in *Contrechamps* nº 9, 1988, Éd. L'Age d'homme, Paris/Lausana.

A LINGUAGEM MUSICAL

passa progressivamente de impulsos (fases) lentos, separados, a fases mais ou menos curtas. Ultrapassando a frequência de 1/16 de segundo, os impulsos já não são separáveis; parece um som contínuo grave, depois cada vez mais agudo, à medida que se aumenta a velocidade dos impulsos. É verdade que se trata de uma experiência muito simples – mas quem terá sonhado explorá-la no sentido de um *continuum* entre durações e alturas dos sons? E Stockhausen chama macrotempo ao tempo entre dois sinais espaçados (1/2 segundo, um segundo, 1/3 de segundo), mensurável em *durações* perceptíveis (eventualmente musicais) e microtempo ao dos sons contínuos, das *alturas,* mensuráveis em frequências: [a nota] *lá* = 440 impulsos por segundo. E representar este *continuum temporal* (ver o quadro, ex. 39).

Obtêm-se escalas temporais de durações ou de alturas – porque agora consideramos, caso aceitemos fazer o jogo de Stockhausen, que é a mesma coisa – quer pela multiplicação de uma unidade de tempo mínimo (se esta unidade for a tripla colcheia = 1/2000 de segundo, a sua multiplicação por dois iguala a dupla colcheia = 1/1000 de segundo, por três = 1/660 de segundo, por quatro = 1/500, etc.), quer pela divisão de uma grande unidade fundamental por dois, três, quatro, etc. A que se assemelha essa escala (segundo caso)?

É uma escala harmónica das alturas/durações (mas de modo algum uma escala cromática) – ou seja, para um som, um *espectro harmónico* cuja grande unidade de base (por exemplo, uma semibreve) será chamada ou "fase de base" (durações) ou "fundamental" (alturas). Do que se trata?

Esta é a realidade de um som (ver ex. 40). Se tocardes um som qualquer no piano, "agitareis" simultaneamente no ar esta nuvem de harmónicos (que se ouvem muito menos fortemente do que o som fundamental que tocastes – ver o capítulo anterior). Stockhausen chama-lhes "formantes" (termo discutido pelos acústicos, mas que conservamos por uma questão de comodidade). Isto é, uma qualquer série de sons não passa de uma série de fundamentais...

Em palavras do compositor: «A duração de uma fase de base define a fundamental enquanto altura de um som. O número e a combinação dos formantes definem, por si mesmas, aquilo a que se chama o timbre do espectro em questão. Embora o timbre seja, numa primeira aproximação, o resultado *de uma estrutura de fase em microtempo,* são muito poucos os músicos que estão conscientes disso». É aqui que começam as dificuldades.

DA LINGUAGEM À OBRA

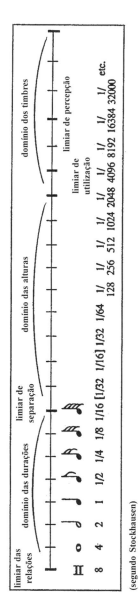

Ex. 39

(segundo Stockhausen)

A LINGUAGEM MUSICAL

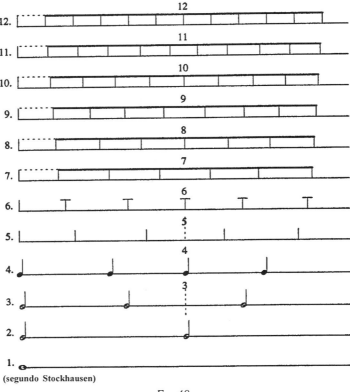

(segundo Stockhausen)

Ex. 40

A acústica ensina-nos que, para ser percebidas como iguais entre si, as alturas cromáticas (*dó, dó sustenido, ré, ré sustenido, mi,* etc.) são ordenados logaritmicamente. Para compor música tonal, em que a oitava, a quinta e a terceira reinam, não se precisa de saber isso (e, aliás, não se sabe). Mas se se quiser estabelecer uma equivalência verdadeira entre alturas e durações (estas avançam aritmeticamente – de uma a doze e a n... triplas colcheias), esbarra-se com uma contradição, o método multiplicativo ou "divisivo" das durações dando uma escala harmónica, por oitavas, quintas, terceiras, etc. (ver atrás). Então?...

Então é necessário construir uma *escala logarítmica* das *durações,* o que não pode, em princípio, ser representado nem *a fortiori* ser executado. E Stockhausen ilustra esta situação com um metrónomo imaginário cuja velocidade de batidas numa duração fixa pode ser mudada instantaneamente. Assim, tomando como fase de base uma *semibreve,* por exemplo, ter-se-á, para uma oitava de tempo, os tempos seguintes:

DA LINGUAGEM À OBRA

MM

○ = 60 / ○ = 63,6 / ○ = 67,4 / ○ = 71,4 / ○ = 75,6 / ○ = 80,1 / ○ = 84,9 /

○ = 89,9 / ○ = 95,2 / ○ = 100,9 / ○ = 106,9 / ○ = 113,3 / ○ = 120

Ex. 41

Sendo isto uma realidade "irreal", é preciso encontrar um meio de a realizar, o que Stockhausen se esforçará por conseguir, trabalhando nas durações (ligando umas, separando outras), sobre a métrica (mudável onde for possível) e principalmente sobre as mudanças de registos, quer dizer, de oitavas de tempo, até alcançar, numa série já bastante disciplinada, uma escala de proporções cujos valores serão traduzidos por acções de durações iguais (e nunca isoladas) e, consequentemente, bastante mais executáveis. Oferecemos ao leitor diversas operações especulativas (ou, se preferir, enganadoras) que conduzem a este resultado. Mas – dir-se-ia – para que são precisos todos estes malabarismos, porque é que Stockhausen não trabalha com colcheias e semicolcheias, como todos os músicos? É que o seu objectivo – lembramos uma vez mais – é traduzir sem contradição os espectros de alturas em espectros de durações e vice-versa. Deste modo, desde que as durações de um conjunto sonoro sejam reconhecidas como factores dos seus timbres (os mesmos impulsos simultâneos e diferentes das durações – em macrotempo – em cada uma das suas camadas), pode-se, sem contradições, *atingir o timbre pela escrita do ritmo.* Ora, até ao presente, considerava-se o interior do som inacessível...

A relação deste modelo numa partitura é um trabalho longo e paciente, cujo resultado só se vê quando, como nas tapeçarias dos Gobelins executadas sem plano, se faz a sua apresentação. Porque não nos devemos esquecer de que cada fase e cada componente de fase deve, ainda por cima, possuir o seu espectro próprio de durações, para cada instrumento. Em determinado momento, esta flauta tocará em semicolcheias, aquela em quintinas e um clarinete em septinas ou em fusas. Também se podem cavar "buracos" nestes espectros, identificá-los ainda mais suprimindo determinado formante, interrompendo outro... Consequentemente, para tornar realizáveis as diversas sobreposições temporais, complexas e mutáveis, será necessário que se recorra a três orquestras e a três maestros, tocando cada um em métricas e tempos diferentes.

Lembremo-nos do exemplo da *Sonata "Waldstein",* na qual Beethoven põe em presença três camadas simultâneas e diferentes de tempo e, assim, aflora a criação de timbres ou cores sonoras pela escrita.

A LINGUAGEM MUSICAL

Mas Beethoven escrevia música tonal, numa métrica regular em que a oitava e as suas divisões continuam a ser um módulo soberano no qual tudo se inscreve sem contradição. Na música serial, pelo contrário, e especialmente nas obras em que a série (aritmética) estava generalizada em todos os elementos da linguagem – alturas, durações, intensidades, etc. – a contradição aparece repentinamente como um obstáculo dramático à percepção (e, no entanto, como gesto histórico, aos nossos olhos). Significaria isso que toda a música serial deveria ser escrita «como os *Gruppen»*, ou dever-se-ia aceitar a contradição em que o serialismo integrado teria vivido como um momento extremo mas fecundo da música contemporânea? Como o serialismo integral que ela denuncia, esta obra continua a ser uma experiência única e impossível de prosseguir; aliás, a música tem evoluído em direcção a outras margens. Stockhausen escreveu no final do seu famoso artigo: «Vale mais partir de uma contradição do que de 2 x 2 = quatro»...

*

ABSTRACTO (ad usum delphini)

Stockhausen considera o sonoro um *continuum* de aspectos diferentes do *tempo,* desde as mais longas durações e até às alturas (a sua extensão é pelo menos 3 x 7 oitavas de tempo). Se o compositor conseguir reduzir, com especulações complexas, as durações e as alturas a uma mesma escala, tornará possível uma realização prática, sobretudo se recorrer a três orquestras, tocando simultaneamente em tempos diferentes. Isto conduz à consciência de que as durações, repartidas em camadas temporais diferentes, actuam como *formantes do timbre,* o que confirma, pelo menos até certo ponto, a escuta informada de todas as espécies de músicas (exemplos de Beethoven e de Debussy, a seguir).

*

Debussy e o timbre

Para abordar *Cloches à travers les feuilles,* do segundo livro de *Images* de Debussy, possuímos actualmente alguns elementos de um vocabulário novo. A obra faz ouvir timbres nunca ouvidos no piano. Como? É porque se baseia – *mutatis mutandis* – numa concepção próxima da de *Gruppen.* Aqui, trata-se também de criar timbres pela escrita temporal dos sons, a que Debussy chega graças à sua intuição genial. Por isso, não se põe a questão de compreender Stockhausen através de Debussy nem de haver uma filiação numa história de sentido único, mas exactamente o contrário: a modernidade de uma concepção como a de Stockhausen ajuda-nos a compreender melhor a modernidade de Debussy.

Abramos de imediato e a partitura (Durand S.A ed.) e vejamos os exemplos seguintes.

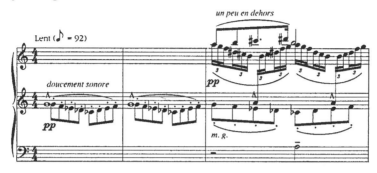

Ex. 42

Vemos que também Debussy procede por camadas de durações ou por "formantes" (atentemos neste termo eloquente, embora contestado). No primeiro compasso, vemos dois: um, lento (o valor da semibreve, em *sol*), o outro, mais dinâmico, em colcheias ascendentes e descendentes, com ataques "lourés" (*staccato* em *legato*). Com que se parece isto a não ser com um espectro de fase, composto por uma "fase de base" ou fundamental e pela sua quinta harmónica (ver exemplo 40)? No entanto, estamos na presença de um primeiro timbre criado pela escrita. Consideremos o terceiro compasso: imediatamente os formantes se multiplicam. No médio, continua o das colcheias; sobrepõe-se o formante agudo em tercinas de semicolcheias e colcheia com ponto de aumentação, acabando numa breve. Em simultâneo, ouve-se no grave um derradeiro formante (de semifase, se se preferir): mínima-silêncio-mínima-silêncio... Trata-se, portanto, de um fenómeno sonoro complexo que seria inexacto qualificar de contraponto de voz: trata-se de um *contraponto rítmico interno do som* (porque é *um som* que representa cada compasso). Pode-se mesmo considerar um "som mágico" e é verdade; mas também se pode compreendê-lo e conhecê-lo...

No compasso 9, um novo aspecto rítmico, um novo complexo sonoro: um formante central em tercinas de semicolcheias que vai, no compasso seguinte, descer às profundezas do espaço, "mostrando", por cima, pequenas faíscas rítmicas, dos acordes rapidamente harpejados.

A LINGUAGEM MUSICAL

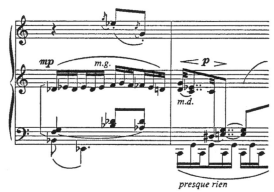

Ex. 43

Uma mudança espectacular de cor intervém então, graças a um só formante rápido, em fusas:

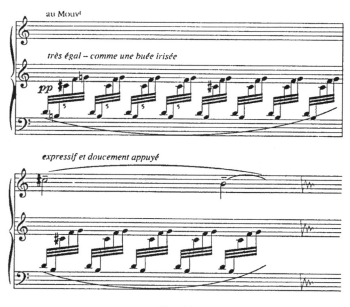

Ex. 44

«*Comme une buée irisée*» [«Como uma neblina irisada»], anota Debussy, qualificando o estado da matéria com um termo visual. Sobrepõem-se-lhe as alturas e valores longos de uma melodia que soa estranhamente no contexto irreal. Ainda mais espectaculares são as transformações sonoras no 24º e no 26º compassos:

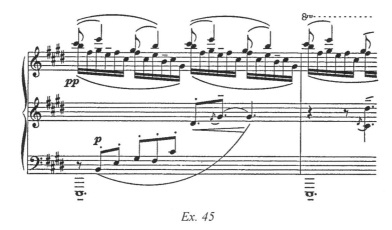

Ex. 45

O formante rápido e o seu companheiro mais comedido e irregular são dirigidos para o agudo, enquanto no médio aparece um novo ritmo (quatro formantes). A fabulosa diversidade *rítmica* da música de Debussy é decididamente o agente responsável das suas cores mágicas! O quarto formante, uma nota muitíssimo grave, uma semibreve com aumentação, marca e transfigura ainda mais a qualidade do timbre, quer pelo seu registo quer pelo seu valor longo e ressonante de sino. O conjunto superior é atirado periódica e sistematicamente para o muito agudo. É evidente que a ressonância de sino é a fundamental deste espectro temporal.

Por fim, a fundamental torna-se um enorme acorde de 11 sons, *forte,* enquanto os carrilhões agudos fazem ouvir os seus timbres faiscantes e um médio agressivo e ascendente (*ff*) continua a dinamizar o tempo.

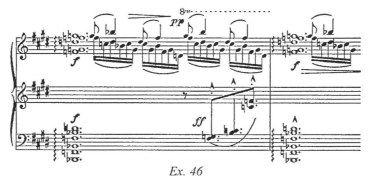

Ex. 46

O último acorde está no limite do executável, um espectro vertical, imóvel (que se ouve como uma única nota), com *intensidades* manifestamente diferenciadas sobre cada nota, mas "inescrevíveis".

Ex. 47

É sobre este acorde de realidade nos limites do real, sobre este puro desejo sonoro a que, no entanto, o intérprete sabe responder, que encerramos este capítulo.

Capítulo 3

Pontos de fixação

Poderíamos ilustrar este capítulo com a "pequena" torre de Babel de Bruegel, o Velho (do mesmo artista existe uma "grande", menos firme e menos aprumada,), não para aludir, segundo a Bíblia, à "confusão das línguas" (a música – diz o sábio chinês – é «o que une»), mas pelo contrário, para representar o desejo de aproximar o infinito por meio de uma linguagem criativa, perpetuamente em construção e em movimento.

Os manuais de história musical não falam de desejo, mas de realidades objectivas, vistas do exterior. Eruditos, documentados e também prudentes, os livros relatam factos (factos tão "indiscutíveis" que ainda não deixaram de ser discutidos até hoje) que exigem – implícita e explicitamente – a adesão, para não dizer a submissão: os factos são autoritários. E, de bom grado, nos submetemos a eles, por confiança tranquilizadora, por ignorância, por medo de comprometermos a nossa reflexão, esquecendo-nos de que a história vive e evolui em nós e de que devemos prestar-lhe contas constantemente. Falar da linguagem musical implica falar da sua trajectória temporal: tanto para celebrar as suas metamorfoses como para iluminar as *constantes* que a linguagem revela numa ou noutra fase da sua travessia.

Além disso, não proporemos neste terceiro capítulo uma «história da música», mas apenas algumas das etapas de uma evolução – que tentaremos reavaliar porque as julgamos capitais – e alguns pontos de apoio históricos que, na linha do que dissemos anteriormente, julgamos necessários.

Estas considerações só têm sentido pelo facto de serem parcelares e até por serem efémeras – como um testemunho e um elo na cadeia infinita das paixões, reflexões e descobertas em movimento perpétuo.

A LINGUAGEM MUSICAL

*

O CORPO SOLITÁRIO

A monódia reinou no Ocidente durante cinco séculos. Religiosa (cantochão) ou profana (cantos dos troveiros e trovadores) ela é, como o seu nome indica, a uma só voz. Quererá isto dizer que se trata de um fenómeno primitivo, de um "balbucio musical" (como muitas vezes se apresenta)? Interroguemos este corpo, para descobrir a sua plenitude.

Não se fala absolutamente nada de harmonia quando se fala de monódia: aos olhos do comum dos musicólogos, são até noções antitéticas. Porque se trata de uma dimensão subvertida pelos séculos futuros e aplicada exclusivamente no aspecto vertical da música (diz-se: a harmonia é «a ciência dos acordes»). Ora, na Grécia antiga e, depois, no cantochão, ela dizia respeito à linha dos sons sucessivos e à maneira de organizar as suas relações (intervalos e escalas). Mas vê-se – por mais paradoxal que possa parecer ao ouvinte formado na música dos séculos XVIII e XIX – que desde a origem a harmonia rege as *sucessões* (modos, escalas, melodias e sistemas) da mesma maneira que, mais tarde, os acordes regem os sons *simultâneos:* portanto, «o horizontal» e «o vertical». E isso ainda é válido actualmente.

A harmonia é o elemento fundamental da música, inerente à sua própria natureza, por ela *qualificada.* Além disso, é um factor de coerência que actua poderosamente ao longo de uma série escolhida de notas – nomeadamente as de uma monódia. A ausência de harmonia tornaria a monódia (a melodia, a frase) totalmente arbitrária; e só nos faltava isso! Também a própria monódia se inscreve num tom e em graus específicos, definidos, limitados e hierarquizados.

No plano rítmico, a monódia é um lugar de interferências complexas. Organicamente ligada à palavra, matriz rítmica soberana, brinca com os ritmos que ela lhe dita e com os que lhe são impostos pela imaginação do compositor (tenha nome ou seja anónimo), num jogo apaixonante de conformidades e de contradições; deve-se dizer, para glória da monódia, que ela não se casa servilmente com a palavra, mas que está à escuta do seu futuro.

A frase monódica, de âmbito modesto no cantochão, articulada pelos seus ritmos, pontuada por acentos e cesuras, repousando suavemente sobre o som, é percebida em toda a plenitude do seu movimento ondulatório. É a música no estado nascente, a sua própria respiração. Nenhuma falha no seu convénio. Além disso, ela não aspira a um «mais» quantitativo, a um «progresso»; a futura polifonia não será um «aperfeiçoamento», mas efectuará uma *mutação de natureza* da música.

Por fim, no plano social, o corpo monódico, solitário, responde a uma envolvência solitária; os seus lugares estão dispersos por castelos ou conventos. Aquele que canta está aí sozinho ou é seguido por um grupo de fradinhos amalgamados, que cantam em homofonia (homofonia = todos cantam a mesma coisa – exactamente o contrário de polifonia). No castelo, isolado numa terra ainda despovoada, o trovador também está só, corpo solitário perante o senhor, perante a Dama dos seus pensamentos, sonhando com a sua poesia e a sua música, inventando uma e outra. Muitos desses traços chegaram até nós. Em compensação, o claustro é uma colectividade que possui – diríamos actualmente – uma «dinâmica de grupo». Outrora, Saint-Gall, Saint-Martial de Limoges e Notre-Dame de Paris foram lugares privilegiados, fecundadores da imaginação. O claustro, que tinha sido lugar de obediência estrita (e homófona), torna-se um laboratório experimental, encoberto pela preocupação de cantar Deus.

Por isso, será que é preciso considerar «primitiva» a monódia e também as primeiras polifonias? A religião do autor é feita neste momento; por isso, não há primitivismo na arte (o que suporia um «progresso» ao longo do tempo). Mas a partir de agora, o leitor deverá preparar-se para assumir uma posição, porque será nesta tese que, para ele, se jogará o futuro da música durante a sua primeiríssima juventude.

O *organum:* desde o século IX, embora ainda rara e prudentemente, a monódia, como *vox principalis,* vê-se dobrada por uma linha secundária (*vox organalis),* a princípio à oitava, à quinta, à quarta, codificadas como intervalos fundamentais.

Em Saint-Martial de Limoges, no princípio do século XII, e em Compostela na mesma época, aparece uma visão inspirada e fugitiva do futuro moteto que se chamava, então, *organum melismaticum* (a duas vozes).

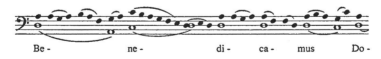

Compostela (segundo W. Appel)

Ex. 48

A escola do Claustro Notre-Dame de Paris, impulsionada pelos «ilustríssimos» Léonin e Pérotin (por volta de 1200), dará ao *organum* não só solidez como também rigidez rítmica, necessária ao canto a várias

A LINGUAGEM MUSICAL

vozes, já então três ou quatro. Digamos – mas trata-se aqui de um sentimento muito pessoal que não congregará necessariamente a adesão dos musicólogos – que os grandes *organa* de Notre-Dame têm uma sonoridade muito arcaizante e também são bastante duros ao ouvido, se comparados com os de Saint-Martial ou os de Espanha, bem mais elegantes, embora anteriores em quase um século. Será isto um «progresso»? É, pelo menos, uma transição. Porque será daí que surgirá o moteto, o modelo da chamada polifonia primitiva que, evoluindo muito lentamente, será o fundador de toda a música ocidental durante três séculos.

UM MODELO FUNDADOR

O moteto comprova a emancipação das vozes, de que os *organa* nos dão exemplos rígidos e elementares. É um modelo polifónico de base – a bem dizer, é uma jóia incomparável de inteligência, de invenção e técnica – aberto à imaginação dos músicos no domínio sagrado ou profano, que em geral amalgamam os dois com uma desenvoltura maravilhosa. O seu modelo pode ser representado assim:

Triplum (ou *superius*)

Duplum (ou *discantus*)

Tenor – voz responsável pelo *cantus firmus,* de origem religiosa (residual do cantochão) e em latim, mas muito cedo em língua vulgar. Depois, voz como as outras, mas sem privilégios.

Contratenor – voz mais tardia e opcional, vocal ou instrumental.

Eis um belo exemplo de moteto do século XIII, conforme com o modelo que utiliza – prática corrente – um cantochão latino que faz as vezes da tenor e duas canções de amor francesas nas vozes superiores (ver página seguinte):

Transcrito em notação moderna (W. Appel), este moteto, como muitos outros, nem de longe nos permite perceber a sua estrutura rítmica. De facto, dado um sinal de sincronia, um *tractus,* as vozes seguem instintivamente e avançam, o que produz necessariamente encontros harmónicos mais ou menos "aleatórios", do mais saboroso efeito. Entretanto, a tenor procura não tropeçar e, tanto quanto possível, segurar este lindo mundo. Observai-o! Os seus valores são invariáveis e repetem-se continuamente: mínima-semínima-mínima-pausa de semínima... É o início da isorritmia (de que, mais tarde, Machaut será o campeão e de que voltaremos a falar).

Ex. 49

A CIDADE FALA

Assim, nascida no cadinho do claustro, mas já dele saída, a muito jovem e bela polifonia encontra o seu lugar no mundo profano – e *representa-o* – porque desde sempre a música teve o poder de ser o modelo estrutural de uma ideia do mundo ou, até, do Cosmo. E de uma sociedade. Sabemos que no limiar do novo século ela sofre mutações profundas. O advento da burguesia dos mercadores faz, então, estalar o regime feudal e o realismo desta nova classe social opõe-se ao idealismo da aristocracia cavaleiresca dos séculos anteriores. A Cidade quer falar – falar *a várias vozes,* e faz-se ouvir. O moteto é, ao mesmo tempo, o fruto deste desejo e seu porta-voz. Tornou-se profano, mesmo que mantenha na tenor uma ligação frágil com a Igreja. Deste modo, entra neste século XIV atroz e glorioso, para sofrer mudanças e encontrar novos códigos.

A *Ars Nova* produzirá estes códigos e, sobretudo, uma nova notação rapidamente adoptada na Europa. Philippe de Vitry (1291-1361) será o seu artífice principal e Guillaume de Machaut o propagador inspirado. Vitry, além da sua intervenção na notação proporcional – já a ser usada e que enriqueceu –, instaura a igualdade entre o ritmo ternário, considerado

A LINGUAGEM MUSICAL

"perfeito" e o binário. Finalmente, a sua codificação da métrica é capital, pois abrirá a porta às mais avançadas especulações rítmicas no seio da polifonia, cuja isorritmia é apenas um dos seus aspectos.

A isorritmia é como a "besta de Gévaudan": mete medo e toda a gente fala dela, mas poucos a conhecem por tê-la visto... Imaginemos um grupo de valores rítmicos invariantes, chamados *talea*. Põe-se "em caracol" sobre a tenor e repete-se sem cessar, seja qual for o número de notas (e de sílabas) da tenor. Consequência evidente: em cada volta em espiral, os valores rítmicos caem em alturas diferentes... É uma *série rítmica,* a primeira do género. Sete séculos mais tarde, ela ressurgirá como modelo no período chamado da «série generalizada» (nas alturas, nas intensidades e nas durações) e, neste aspecto, os compositores como Boulez, em primeiro lugar, terão em grande consideração e preocupação histórica a *Ars Nova.*

O Papa e a estética musical

Desde sempre os inovadores provocaram a rejeição e foram alvo das censuras da autoridade – no caso, a autoridade papal, a de João XXII em Avinhão, espantosamente a par das mais recentes técnicas (mas não sabia o que era a isorritmia). A sua famosa decretal de 1324 merece ser citada: julgamos estar a ouvir a voz de Estaline pela boca de Jdanov...

«Alguns discípulos da nova escola, enquanto põem toda a sua atenção na medição dos tempos, aplicam-se a fazer as notas de maneira nova [...], dividem as peças eclesiásticas em semibreves e mínimas; aceleram o canto com notas de curta duração, truncam as melodias com hoquetos, poluem as melodias com descantes e chegam até a atafulhá-las com vozes superiores em língua vulgar... Correm sem nunca descansar, irritam os ouvidos em vez de os acalmar e mimam com gestos o que nos dão a ouvir. Assim, a devoção que deveriam procurar é ridicularizada e a lascívia que se deveria afastar é mostrada em pleno dia» ([1]).

Vê-se bem que os papas não gostam dos valores breves... Porquê? Porque impedem a compreensão das palavras sagradas. Tudo se concentra nisto e mais ainda, se imaginarmos bem. Porque é um estado dos lugares da polifonia em relação ao texto: aqui denuncia-se o primado da música sobre a palavra, da mesma maneira que o «gang» dos florentinos tentará o contrário nos finais do século XVI e Monteverdi a enobrecerá. Aquilo

---

([1]) Estabelecido por Françoise Ferrand, in *Histoire de la musique occidental,* Fayard 1985.

PONTOS DE FIXAÇÃO

com que João XXII sonha – como um ditador – é, *mutatis mutandis*, com o princípio da ópera...

Guillaume de Machaut (1300?-1377) é o grande homem do século XIV das guerras, da peste e das calamidades de todo o género (escapará da peste, permanecendo um ano inteiro fechado no sua casa em Reims). Esteve ao serviço de João de Luxemburgo e, depois, seguiu para a Polónia, Sibéria, Boémia e Itália. A seguir, fez-se cónego e nunca mais deixou Reims. Teve a felicidade de viver, nos últimos anos da sua vida, um grande amor, com a jovem e bela Péronne d'Armentières, sua admiradora. Como sabemos, Machaut foi um inovador. Mas um inovador bastante diplomata para distinguir o que, como linguagem, pertencia à Igreja e o que pertencia ao mundo – e ao amor. No domínio do profano, achava que todas as formas eram boas, fossem polifónicas ou, até, monódicas. Aperfeiçoou a forma de motetos, baladas, lais e virelais (para os quais compôs os textos), em sábias simetrias e dissimetrias. Introduziu a con-tratenor, deleitando-se por vezes a compô-la como retrógrado da tenor, como no moteto *Ma fin est mon commencement / et mon commencement, ma fin:* processo que Stravinsky utilizará no seu *Canticum sacrum* em que a última parte é o retrógrado exacto da primeira. Quanto à sua música religiosa, limitou-se à célebre *Missa Nossa Senhora,* a alguns motetos e ao *Hoqueto David.* Na *Missa Nossa Senhora,* o moteto domina sempre, como modelo infatigável. Quatro das partes da obra são motetos (os *Kyrie, Sanctus, Agnus Dei, Ite missa est*). O *Amen* final é um hoqueto. O hoqueto é o processo de virtuosismo em que cada som (ou grupo de sons) é confiado alternadamente a vozes diferentes – daí uma «rítmica no segundo grau», articulada por diferentes timbres de vozes. Se abrirdes os dez dedos das mãos e os cruzardes uns com os outros, estareis em regime de hoqueto. Ou – num exemplo mais sofisticado – observai o que fazem os *gamelões* do Bali com uma virtuosidade inculcada desde a infância (notar-se-á que a parte dos *genders* é isorrítmica) (ver página seguinte):

Fala-se pouco da harmonia na *Missa* de Machaut. No entanto, aqui, ela existe por si mesma. Não se trata de uma harmonia funcional no sentido tonal (embora instaure pilares monumentais de tensão e de distensão): deve ser tomada no sentido do *bloco harmónico,* em si mesmo belo e significativo. É assim que se faz *ouvir.* Os predecessores de Machaut neste domínio seriam para nós – se ousarmos o paradoxo – um pouco Stravinsky, muito Varèse e sobretudo Debussy...

A LINGUAGEM MUSICAL

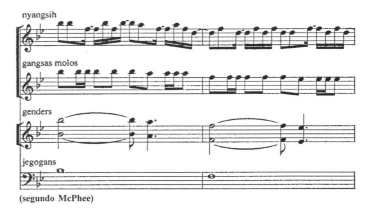

(segundo McPhee)

Ex. 50

O século XV prolonga as atrocidades do século anterior, a Guerra dos Cem Anos continua a devastar a França e a Flandres. Mas não há dela nenhum eco nas músicas de um período que, ao ouvi-las, pareceria feliz! A polifonia franco-flamenga, que se desenvolveu numa continuidade sem falhas desde a Idade Média, ganha um impulso notável e rápido em direcção ao apogeu. A sua ciência, a sua virtuosidade, em vez de a fechar numa estética de especulação, abrem-lhe um potencial expressivo formidável, uma liberdade e uma audácia geradoras de obras-primas. Dufay é, com Ockeghem, o mediador inspirado, Josquin o génio e Lassus o pródigo (1300 obras).

UMA RENASCENÇA MUSICAL?

Está convencionado chamar a este período que vai aproximadamente da segunda metade do século XV ao fim do século XVI, o período da renascença em música. Mas renascença a partir de quê, de que trevas? A questão não parece perturbar ninguém, dado que de trevas, a música não conheceu nenhuma, na sua trajectória coerente desde o primeiro moteto e desde a *Ars Nova*. Devemos interrogar-nos sobre a razão desta classificação.

Sabe-se que neste mesmo período floresce a Renascença italiana das Belas-Artes, com uma densidade prodigiosa de obras-primas. A Renascença possui as suas referências medievais (aliás, de modo nenhum tenebrosas): os Duccio e os Lorenzetti – e a sua primeira revolução com Giotto. Terá começado «com aqueles que têm vinte anos em 1460»? Admitamos

PONTOS DE FIXAÇÃO

que sim, é Berenson quem o afirma([2]). O facto de Botticelli e Josquin terem nascido aproximadamente no mesmo ano (por volta de 1445-1449) não fazem a Renascença italiana em pintura e a "renascença" em música equivalentes.

Será que haverá uma renascença em música? Inspirar-se-ia, como a pintura e a escultura italianas, em modelos antigos? Na verdade, ela tê-los-á adivinhado mais do que conhecido directamente, e a sua aplicação, se é que de aplicação se trata, inspira sobretudo o início do Barroco, a *voce sola.* Porventura residiria ela no equilíbrio perfeito entre o mundo e o indivíduo, *mutatis mutandis,* entre a polifonia e a harmonia? A questão parece-nos infinitamente mais bem posta. Mas, se este equilíbrio entre o homem e a cidade se vê *em perspectiva* na pintura italiana da Renascença e a define (os desequilíbrios, a crueldade, o ódio e o fantasma do poder que dificulta a vida citadina serão mascarados pelo «sorriso da Gioconda»), na música, este equilíbrio – procurado já na Idade Média – é tão-só o momento, esplêndido mas fugaz, do encontro de duas correntes que se cruzam: a ascensão vitoriosa da harmonia e, depois, da melodia, com o consequente desaparecimento da polifonia... Mas não antecipemos.

A GRANDE POLIFONIA

Guillaume Dufay (*c.* 1400-1474), nascido em Cambraia, exactamente um século depois de Machaut, foi um grande viajante, romano durante algum tempo e, finalmente, cónego na sua cidade natal onde acabou os seus dias. De natureza feliz, ele canta os prazeres da vida (Rabelais vê-o sentado à mesa, na companhia de «outros gentis músicos»), ao mesmo tempo que louvava a Deus nas suas inúmeras missas – *Missa sine nomine, L'Homme armé, Se la Face ay pale,* etc. Dufauy inova com muita facilidade. Na sua escrita, o moteto (sempre presente!) alcança uma plenitude sem igual. A tenor é tratada como uma voz entre as outras. Para mais, Dufay, como Ockeghem e os seus amigos, ousa atribuir à *superius* a categoria de voz de primeira importância. Mas sobretudo Dufay, pela virtuosidade da sua imaginação, pela sua desenvoltura e pela sua capacidade de se divertir ao compor, mergulha-nos, com os seus rondós polifónicos, num maravilhoso banho de imprudência.

Tendo vivido em dois séculos, Josquin des Près, bem alicerçado na herança de Ockeghem e de Dufay, mas sobretudo possuidor de qualidades

---

([2]) Fundadas na intuição, as atribuições deste hábil "conselheiro" de alguns grandes coleccionadores são hoje com muita frequência contestadas (*Les Peintres italiens de la Renaissance,* Gallimard).

A LINGUAGEM MUSICAL

geniais, marcará o apogeu da «grande polifonia», da que queima todo o tecido intersticial, que se alimenta da sua própria substância e se renova continuamente. O moteto, modelo inigualável, ainda vive; libertado das suas antigas limitações, torna-se aqui reversível, «estrelado», penetrado por todos os lados, de tal modo é perfeita a sua estrutura. Josquin cultiva a harmonia com ternura, mas no contraponto, não a deixando predominar. É nele que se encontra o equilíbrio perfeito entre polifonia e harmonia, conforme, pelo menos em parte, àquilo que se pretendeu chamar a Renascença musical.

Chegada a tal altura, a tal absolutismo, a grande polifonia tinha de entrar em mudança. Esta fase de mudança, ainda pouco – mas já – visível, deixa-se entrever na obra (imensa, quase 1300 peças) de outro grande: Roland de Lassus (ou Orlando di Lasso, 1532-1594), que é considerado o modelo do equilíbrio na época do Renascimento. A audição da sua música desvendará talvez, numa ou noutra passagem, a presença cada vez mais insistente da harmonia que, saída em parte do seu papel de coordenação da bela polifonia, já exige uma autonomia e um sentido próprios que uma noção de «equilíbrio» não conseguiria definir. Seria a harmonia de Lassus (em *Les Larmes de saint Pierre,* por exemplo) já demasiado plena e excessivamente sedutora para o ouvido apurado pelo contraponto enérgico e azedo de Josquin? A diversidade deste músico assombroso é tal que tanto produz polifonia pura com o máximo de virtuosidade, em dezenas de canções a várias vozes ou no estranho e sublime *Timor et tremor,* moteto a seis vozes, de 1564, em que o cromatismo e a rítmica desempenham um papel importante.

O sucesso internacional fulgurante desta bela música que elogia a sensualidade sem abdicar do rigor, talvez se explique por isso. Quanto à harmonia, está quase a tornar-se uma necessidade, uma droga. Uma vez mais, «progresso»? É claro que não! Mas, sim, uma mudança profunda já anunciada. O velho Van den Borren não se enganou, quando escreveu: «Em certo sentido, Lasso marca a transição para a música do futuro».

A MÚSICA DO FUTURO

Com efeito, o futuro será glorioso e perigoso: marca, desde o último quartel do século XV, a transformação radical da linguagem. O centro do mundo musical passa do Norte da França, da Borgonha e da Flandres, para a Itália. Mântua e Florença, Roma e Nápoles, Ferrara e, finalmente, Veneza são igualmente epicentros de um sismo musical muito próximo

PONTOS DE FIXAÇÃO

anunciado pelo fim do "grande século" (é evidente que queremos dizer o século XVI).

A glória de Veneza é universalmente conhecida. Naquele tempo, era a cidade da liberdade – será que todos o sabem? Liberdade dos seres e dos amores, liberdade da criação, apesar de rodeada por uma organização secreta e policial com mil braços; mas esta só se interessa pela política e só atinge quem contraria os seus desígnios.

Veneza é a cidade da edição musical, do primeiro editor, Petrucci (activo desde 1501), graças a quem nos chegaram as melhores obras desse tempo. Mas Veneza é sobretudo – todos o sabem – uma basílica perene cujo prestígio musical se manteve no apogeu durante mais de um século. São Marcos, «espaço de criação» – como hoje se diria –, não terá apenas *maestros di capella* ilustres unicamente em música religiosa; fora dos seus deveres litúrgicos, eram livres de fazer o que bem lhes apetecesse. E que faziam em Veneza, Mântua, Nápoles e em Ferrara? Madrigais.

Definir o madrigal é algo que está mesmo na fronteira entre o possível e o impossível; por isso, ninguém se arrisca a fazê-lo nos livros, a não ser por paráfrases e enumerações de exemplos, a tal ponto esta forma--camaleão escapa a uma delimitação estrita. Abreviando, digamos que o madrigal é uma peça por essência vocal e por essência profana, com forma livre, embora na sua base se encontre o incansável moteto e alguns princípios de versificação depressa transgredidos. Nascido em Itália, o madrigal conheceu três fases: uma «primitiva» (no século XIV), que foi esquecida; outra altamente polifónica (com ou sem razão chamada «renascente») – a de Giaches de Wert em Mântua, de Cipriano da Rore e de Adrian Willaert em Veneza, compositores flamengos «importados» – e, por fim, a fase do grande madrigal soberbo e glorioso, de Marenzio, Gesualdo e Monteverdi que entronca no espírito da Renascença. Acrescentemos a tudo isto uma prática instrumental cada vez maior, pronta para substituir as vozes, e o emprego do órgão; por fim, juntemos-lhe a tomada de posse do espaço, para o que a basílica convida, por Andrea e Giovanni Gabrieli (os coros divididos, disseminados no lugar). As suas *canzone* e as suas *sinfonie sacrae* são de essência harmónica, outros tantos blocos verticais que ressoam de todos os lados, apoiadas ou até substituídos pelos metais: Veneza, «a vermelha», levanta-se em todo o seu esplendor sonoro, em toda a sua loucura. O madrigal, por causa da fraca codificação da sua estrutura e pela sua popularidade rapidamente alcançada, é a forma que melhor reflecte o que flutua na «canção do

A LINGUAGEM MUSICAL

tempo». Como uma placa fotográfica, o madrigal regista mais do que impõe. E o que regista é precisamente esta viragem da história musical – a passagem do reinado da polifonia para o da harmonia e do seu corolário, a melodia acompanhada. Passagem perigosa e até dramática; desfaz-se um bloco histórico e logo outro toma o seu lugar – para o melhor e para o pior. A história é assim!...

Nesta passagem, Carlo Gesualdo (1560-1613), príncipe de Venosa [Itália], parece um marginal. A sua vida e a sua natureza são as de um grande paranóico; já se fizeram relatos romanceados – só falta mesmo um filme. Sabe-se que Carlo assassinou a sua mulher, a bela Maria d'Avalos e o amante dela, o jovem Caraffa que surpreendeu *in flagranti:* assassino tão organizado que, pretextando dúvidas sobre a legitimidade do seu filho, chegou a matá-lo por asfixia...

A música de Gesualdo reflecte – só por uma vez – a loucura do homem, deste príncipe livre e solitário que, por nem ser *maestro di cappela* nem músico de corte, não tinha de prestar contas a quem quer que fosse. O seu estilo modeliza a situação musical no limiar do novo século, numa tensão extrema e como que já pressentindo a mudança. Poderíamos qualificá-lo de «diagonal», pelo facto de, mantendo ao mesmo tempo o vertical e o horizontal, dar como que uma terceira dimensão à música. Os madrigais de Gesualdo são a pura imprevisibilidade (embora a sua música religiosa seja mais terna): passa imperceptivelmente de uma estrutura a duas vozes para uma polifonia a seis, daí para três e, depois, para uma série de acordes em modulações sempre inesperadas, num cromatismo exacerbado, de onde emerge uma voz a solo e suave ou irrompem gritos de remorsos: *Ai!* (no célebre madrigal *Moro lasso*); é pura magia! Selvagem e mau, Carlo acaba por voltar a casar-se com a filha do duque de Ferrara, Alfonso d'Este. Pretenderam invalidar-lhe o casamento; mas Eleonora estava já presa nas redes da paranóia do seu marido e aguentou...

Ferrara, onde Gesualdo viveu durante vinte anos, merece uma homenagem. Foi uma cidade de criação frenética e de sensualidade, uma cidade de erotómanos e de apreciadores da boa mesa; ainda no nosso tempo por lá vagueia o gosto da voluptuosidade e as suas mulheres são sempre belas (diz-se que são as brumas do delta do rio Pó que lhes dá aquela tez incomparável); e, ainda por cima, inteligentes. Já Luzzasco Luzzaschi as tinha celebrado; mas quem hoje conhece Luzzasco, se agora só se jura por Mozart? Pintura e música andavam de mãos dadas, em Ferrara, no

palácio dos Este protectores de todas as loucuras e embriagados de cromatismo musical «depravado» (Carlo sabia muito bem para onde ia...). Quem
conhece o palácio Schifanoia (que significa: «abolir o tédio»), a casa de
prazer dos Este, pintada pelos três grandes de Ferrara, Tura, Ercole Roberti
e Cossa? Talvez fosse sob os frescos do *Triunfo da luxúria* e dos seus
carros de mulheres nuas, puxados por macacos (Ercole Roberti) que Carlo
tocava alaúde...

AO SERVIÇO DA PALAVRA

Entretanto, em Florença, no seio da "camerata" agrupada à volta do
conde Bardi (as *camerate* eram espécies de clubes de amadores de música
esclarecidos), afirma-se já uma espécie de concepção da música como
serva da palavra, destinada a engrandecer o seu sentido, e inspirada –
imagine-se! – na Antiga. A primeira manifestação desta concepção é o
recitativo, o *recitar cantando,* ainda bastante pobre de plenitude musical,
mas em compensação rico de fórmulas e ameaçado de repetitividade;
porque a palavra, que a melodia *mima* aqui, é bastante limitada em
diversidade rítmica. Aliás, a entrada em força da expressão dos afectos
via recitativo é um fenómeno ainda imperfeito no plano propriamente
musical. Será que bastará dar a primazia à palavra para fazer valer o seu
sentido na música? Pertencerá ao verdadeiro canto acompanhado veicular
os *affecti* de maneira musicalmente muito mais plena, que conquista,
através do madrigal, um estatuto altamente significativo e musicalmente
expansivo. O *estilo representativo* que, então, nasce, e conhece imediatamente um sucesso estrondoso, conduz, nos finais do século, directamente
à ópera. Florença é, portanto, considerada pelos historiadores o berço da
representação em música, sendo a *Dafne* (perdida) e a *Eurídice* (1600)
de Jacopo Peri as primeiras óperas do mundo (muito preparadas pelas
experiências de representações musicais anteriores). Mas ainda se trata
de música muito tímida, sem grandes ambições, e – por assim dizer –
medíocre: Peri é fraco. Pelo contrário, Caccini (1545-1618), que fez parte
do grupo teve génio: soube integrar nas suas *Nuove musiche* (1602) as
palavras e as suas figuras expressivas (com uma ornamentação delirante)
numa harmonia prodigiosamente rica. Mas não escreveu nada de verdadeira ópera... (Em compensação, a sua irmã Francesca, chamada "La
Ceccina", foi a primeira mulher que escreveu uma ópera, *La Liberazione
di Ruggiero.*)

Para o historiador é, com certeza, importante que se invente (ou, antes,
se capte) um novo estilo e se inaugure um género; mas só quem, pelo seu

A LINGUAGEM MUSICAL

génio musical, credenciar esse estilo – o Barroco nascente – e este novo género – a ópera –, será o seu verdadeiro criador. Estamos a falar de Monteverdi.

A harmonia – dissemo-lo – deixou de ser a serva das vozes polifónicas, a garante da sua concordância, e afirma-se como senhora e, muito em breve, como dominadora exclusiva.

Porque a harmonia – apesar de todos os historiadores falarem tão pouco dela! – rapidamente se torna o lugar da deleitação sonora saboreada de *per si*, um corpo voluptuoso que se acaricia até ao infinito, um perfume inebriante. Actualmente, ela encarna o subjectivo, o eu. Porquê? Porque ela perde a sua eficácia ao ser lida. A polifonia possui uma existência própria, objectiva; o seu traçado fala, seja executado ou lido. Pelo contrário, a harmonia e a sua magia própria (tal como as suas funções misteriosas no sistema tonal, já nela presentes) não existem a não ser na percepção. A renascença das Belas Artes aspira ao equilíbrio e à perspectiva exacta na representação do mundo: o seu fantasma – tornado realidade – é o da perfeição. Em música, trata-se antes de um deslizamento para o declive inefável, para a vertente da sensibilidade pura e impura, da fruição imediata: é definir o Barroco.

É na e pela harmonia soberana que nasce o estilo melódico, que pode nascer, no seio do madrigal, a voz dominante e tornar-se «espelho da alma». Pensa-se demasiado no modelo escolar do «canto dado para harmonizar». Mas se, de facto, a melodia pode ser harmonizada de várias maneiras (não infinitas), também o contrário é verdadeiro: o canto surge da harmonia, é a sua emancipação, apesar de toda a sua aparência. Harmonia e melodia estão organicamente ligadas, sempre à busca do seu acorde mais belo e mais comovente. Caccini, Monteverdi, Sigismundo da Índia – o mal-amado – e muitos outros convencem-nos a ver na harmonia uma fonte da melodia, a ouvi-los e, até, a interpretá-los...

A GRANDE VIRAGEM

O novo modelo invade, com uma força e uma rapidez terríveis, a realidade musical na viragem do século, em Itália e, em breve, em todo o mundo: o triunfo da harmonia-melodia, quer dizer, aos olhos do historiador, a era do Barroco. Será um ganho ou será uma perda? Trata-se de questões quiméricas... Mas ouçamos o grande compositor e a sua lição porque ela nos ensina o da música no início do século XVII.

Cláudio Monteverdi (1567-1643), cremonense de nascimento, mantuano por adopção, é um dramaturgo, indubitavelmente o maior deste

PONTOS DE FIXAÇÃO

universo de equilíbrio que, com ele, conhece a sua última glória, o seu termo e a sua superação. Dramaturgo, independentemente dos géneros: imprimiu em todos a marca do seu temperamento e do seu estilo – a ordem superior que caracteriza, que une na sua diversidade, a obra de um compositor e que grava os seus traços na memória da história.

O estilo de Monteverdi situa-se para além do dos seus predecessores, sobre uma crista vertiginosa onde o olhar oscila entre duas vertentes, a polifónica e a harmónico-melódica.

O seu génio impõe a sua presença tanto no "estilo antigo", *osservato,* como no novo, *rappresentativo.* Não é o revolucionário radical que muitos afirmam; mas, numa tensão constante, encarna o ponto de passagem entre dois mundos. Em Monteverdi, a evolução (a dissolução?) da polifonia avança gradualmente – às vezes em passadas descontínuas. No *Quarto Livro* de madrigais, aborda uma nova disposição das vozes: as três de cima são portadoras de melodia, as duas inferiores asseguram o suporte harmónico (*Sfogava com le stelle,* sobre um poema do grande Rinuccini). A forma do madrigal monteverdiano, maleável como o barro, casa-se perfeitamente com o texto e engasta no seu lugar exacto os *affecti.* «Nesta nova estética – escreve Schrade ([3]), – é o tema que determina a forma. O poema desenvolve-se, arrastando consigo as suas diversas cargas emocionais e as suas várias situações; a forma vem a seguir; o compositor modela-a no poema, numa unidade completa».

É no *Quinto Livro* que Monteverdi tira as consequências harmónicas desta escrita: em vez das vozes de baixo, adopta a redução ao baixo contínuo – o que consagra o fim do contraponto. (É verdade que não foi ele quem o inventou: a longa «partitura» da *Eurídice* de Peri foi escrita apenas sobre duas linhas sobrepostas – duas linhas para uma ópera! –, uma para o baixo cifrado ([4]) e outra para as vozes que se acotovelam e encavalitam umas nas outras...) Será isto o fim do contraponto? Ele ainda está presente, à medida dos desejos do compositor e permanece até ao *Livro Oitavo,* como ramos de uma árvore cujo tronco é a harmonia e a folhagem uma melodia sublime. Aliás, Monteverdi regressará a ele com paixão, na sua obra religiosa, como mestre de capela de São Marcos (a *Selva morale*). Mas os dados já tinham sido lançados.

([3]) Léo Schrade: *Monteverdi,* 1950, Lattès, 1981.

([4]) É uma espécie de "estenografia" harmónica, uma linha de baixo cujos números, inscritos sob ela, sugerem os acordes. Portanto, é preciso "realizá-la", de preferência à vista. Importante: a codificação deixa ao intérprete uma margem – certamente estreita – de liberdade e de espontaneidade.

A LINGUAGEM MUSICAL

Monteverdi é, de facto, o criador da ópera como obra-prima, com o *Orfeu* (1607). Esta obra, de que falámos com mais pormenor no capítulo anterior, condicionou e dominou a existência da ópera, e continuará a ser inigualável durante século e meio (até Mozart). Nela estão presentes o equilíbrio entre a palavra e a música, o papel capital da orquestra e do timbre, o recitativo, o arioso e o coro, pela primeira vez nas suas funções específicas – e até à temática recorrente, ainda discreta.

ÓPERA, ÓPERA...

Então, a ópera incendeia-se como a pólvora. Nápoles e Florença abrem salas públicas e privadas, e Veneza acolhe *Le Couronnement de Poppée,* em 1642, no seu novo teatro em São Cassiano. Mas, apesar de ter nascido de um génio, logo a ópera cai sob o signo da mediocridade, do epigonismo da usura das suas fórmulas e dos *affecti* estereotipados e permutáveis, compensados – artificial e artificiosamente – pelo brilho da cena, pelos *décors* e pelas maquinarias sumptuosas. A história da ópera é, até ao abanão dado por Mozart, a história – *Dio mi perdoni* [Que Deus me perdoe!] – de uma produção em série e de um consumo loucos, como se responder à procura de um público enorme, novo e sequioso, implicasse uma banalização da linguagem musical (mas, de facto, implica!). Aqui, o espaço é demasiado valioso para enumerar a lista interminável de mestres do género de pequena e média categoria, depois de mencionado o «sucessor» de Monteverdi, Cavalli (1602-1676), mas que nem sequer alcançou metade do seu êxito; Purcell (1659-1695), pelo contrário, com a sua *Dido e Eneias* é um dos raros a poder andar de cabeça levantada bem acima da confusão geral. As suas óperas aproximam-se do «teatro musical» (nas gravações actuais, suprimem-se as suas abundantes palavras faladas). Polifónica ou barroca? Purcell começa por ser uma coisa na sua primeira juventude e outra na idade adulta; mas também é um génio excepcional que a morte ceifou aos trinta e seis anos. Os Ingleses tiveram de esperar por Haendel para ter óperas mais conformes com o género em voga e de arquitectura grandiosa. Haendel, o primeiro a exigir grandes vozes e grandes maestros, foi o bem-amado da corte de Inglaterra, o seu músico oficial. Depois, foi um pouco esquecido pelo «mundo» londrino como compositor de óperas (actualmente, ei-lo de novo na moda!).

Na Alemanha, só Schütz sobressai numa massa de medíocres; porque Schütz tinha estagiado em Veneza e pôde apossar-se do estilo monteverdiano. Mas onde param as suas *remakes* de *Dafne,* de *Orfeu* e de *Eurídice?* Perderam-se. Resta-nos o Schütz madrigalista, o Schütz compositor reli-

PONTOS DE FIXAÇÃO

gioso que soube amalgamar a liberdade italiana com uma certa austeridade polifónica protestante, naquilo que é a sua grandeza e que tem perdurado até nós. Testemunhas estranhas do génio de Schütz são os *Musikalische Exequien* [*Exéquias Musicais*]. Esta obra (encomendada por um príncipe obcecado com a sua própria morte) talvez seja a única «ópera» que nos resta do compositor, muito «figurativa», dramática e, ao mesmo tempo, meditativa...

Finalmente em França: esta estava mais de meio século atrasada em relação à herança de Monteverdi. Para o casamento de Luís XIV, quis-se produzir esta coisa nova e sumptuosa, uma ópera. Foi preciso apressar Cavalli para celebrar, com *Ercole Amante,* de maneira vistosa e servil, a glória do jovem rei. Por fim, chegou Lully (1632-1687), florentino naturalizado francês, que tomou sem dificuldade a direcção da Academia Real de Música. As suas óperas, ouvidas com um pouco mais de atenção, embora sendo bastante convencionais e repetitivas na linguagem, apoiam--se – com algumas excepções inspiradas – em três ou quatro protótipos estruturais indefinidamente repetidos. Com grande prestígio junto do rei, Lully conseguiu desviar da «tragédia lírica» os melhores franceses: Couperin, Delalande e Chapentier; só a *Medeia* deste último sobrevive entre os Campra, Destouches, Mouret e outros compositores «honestos», remetidos pelo crivo impiedoso da história para as teses universitárias. Era esta a situação da ópera na segunda metade do século XVII e na primeira do século XVIII: muito barulho e furor, belos recitativos e triunfo entre o público – um público feroz, sedento de cenas espectaculares; mas seria sensível à música em si mesma?

No seio do novo século, chamado das «Luzes», a única excepção é Rameau (1683-1764). E em primeiro lugar por causa da sua linguagem que perturba – apenas por momentos, infelizmente! – este vasto «dever de harmonia» que é o tecido musical da época.

A harmonia de Rameau é rica, extremamente sofisticada, feita de antecipações, de retardos, de resoluções provisórias e de artimanhas de todas as espécies (é verdade que, pelo seu carácter demasiado sistemático, acabam por cansar; mas um estilo é sempre um estilo!). Lembremo-nos de que a orquestra de Rameau é um verdadeiro caleidoscópio harmónico e colorista, uma máquina de «pintura musical» (a tempestade de *Boréades,* tempestade estruturada e codificada – no melhor sentido do termo –, continua a ser um modelo do género). Quanto à voz, Rameau, para retomar o recitativo lulista, dá-lhe plenitude musical; não se trata de palavra disfarçada, mas de verdadeira música pela qual ela radica e «lentamente

A LINGUAGEM MUSICAL

se vai agarrando às árias» (⁵). Acrescente-se a tudo isto os coros e sobretudo a dança, omnipresente, e já se estará no limiar do *Gesammtkunstwerk,* aquela utopia...

Sobrevoemos a «querela dos Bouffons» e a batalha «teórica» entre Rameau e Rousseau. O músico, cuja obra teórica sobre a ressonância e sobre os fundamentos da tonalidade é capital, ri-se – literalmente – do filósofo (que também se considera músico) e das suas teorias «naturais»: quanto a *Devin du village* [de Rousseau], trata-se de uma chamazinha insignificante ao lado das óperas de Rameau, elas sim verdadeiros monstros sagrados: *Les Indes galantes, Dardanus, Castor et Pollux, Les Boréades* e muitas outras, embora, por vezes, nos aborreçam... E não nos esqueçamos da sua obra para cravo que é vasta e magnífica.

*

Esta primeira incursão, pessoalíssima e bastante "jansenista" – é bem evidente! – num domínio que está na moda, tende sobretudo a mostrar *o fosso* que surgiu na linguagem depois de Monteverdi, e a sua compensação, por artifícios poéticos, dramáticos e cénicos-espectaculares. Choremos pela grande polifonia (veremos claramente que o lenço do autor está bem molhado de lágrimas), mas aceitemos a história tal como é. A música simplifica-se, simplifica-se transformando-se. Mas como, em arte, nada se ganha e nada se perde (as noções de "progresso" ou de "regressão" devem ser constantemente reinterpretadas e compreendidas em termos de constantes), pode conceber-se que o que a música terá perdido no plano estrutural, também terá ganho no plano da expressão directa, pela *interpretação.* Contrariamente ao granito polifónico, podemos considerá-la argila, maleável até ao infinito pelo gesto do intérprete que vem justamente colocar-se neste "fosso" para o encher. Doravante, a música conta com ele para falar directamente à sensibilidade, à "alma". O diálogo entre o texto musical e o intérprete, diálogo necessário, criador, o diálogo entre a obra e o ouvinte por intermédio do intérprete está no coração do Barroco. Por outro lado, quando já ninguém se lembrar do Barroco, em finais do século XVIII (para ressurgir no nosso tempo, ornado com os seus mais belos atavios), terá legado à linguagem musical e às suas formas "simplificadas" – as do Classicismo e até do Romantismo – esta nova dimensão daqui em diante inevitável: o intérprete mediador.

(⁵) Philippe Beaussant, in: *Histoire de la musique occidentale,* Fayard, 1985.

PONTOS DE FIXAÇÃO

*

Mas voltemos à linguagem. No meio da relativa indigência de um discurso musical banalizado, o século XVIII viverá de excepções, de que se tratará mais adiante. Entretanto, e paralelamente à ópera e aos seus clichés, na mesma época, a música instrumental gera os seus próprios estereótipos de discurso, até atingir um grau zero do sentido. Vede Vivaldi (1678-1741 – um contemporâneo de Bach!) e os seus semelhantes – os Torelli, os Albinoni e muitos outros, que encerram a música numa teia de clichés e, consequentemente, atiram-na para a previsibilidade absoluta. Alguns – numerosíssimos – dirão que é justamente isso que constitui o encanto desta música do mínimo esforço. Neste sentido, é verdade que Vivaldi é "agradável". Mas nada surge que nos faça parar, que nos surpreenda e que nos estrague esta previsibilidade. Pensemos nas seiscentas *opus* de Vivaldi, todas decalcadas no mesmo modelo, ao som de cujo "fundo" se pode conversar, jogar póquer ou cozinhar despreocupadamente – tão fraca é a sua influência. Assim, Vivaldi e os vivaldianos foram, sobretudo, utilitários para os meios de comunicação social, por um lado para os discos de longa duração nascentes, ao assalto de um público popular que se tinha o cuidado de manter na comodidade e, hoje, para as centrais telefónicas das empresas: «Não desligue, por favor; atendê-lo-emos dentro de momentos»... – música de Vivaldi.

UM GÉNIO FORA DA HISTÓRIA

Mas eis que exactamente no meio deste percurso descrito em termos desiludidos, surge uma excepção, colossal – uma ruptura: Johann Sebastian Bach.

De facto, são raras as rupturas numa evolução tão fechada, tão lógica e tão referenciável como a da música; e Bach (1685-1750) é geralmente englobado pelo conjunto da sua obra como se fosse um fenómeno "normal", um fenómeno de perfeição, um génio inscrito no curso natural da época. Ora, embora isso seja concebível para a parte considerada "barroca" da sua obra (as Sonatas, Suites e Partitas), Bach, o grande polifonista é realmente muito diferente; pois trata-se de um enclave na história, de um desafio, de um paradoxo de que o historiador parece não se admirar absolutamente nada. Quando a polifonia já está morta e enterrada; quanto a ópera com as suas árias acompanhadas está florescente e a sonata clássica já se levanta no horizonte, surge este homem de outra era que, mestre da mais elevada polifonia, é a encarnação do seu derradeiro e perturbante sobressalto.

A LINGUAGEM MUSICAL

Embora o Bach das Cantatas e das Paixões se dedique de bom grado à melodia (construída com o cuidado da perfeita adequação ao substracto harmónico, seja ele redigido ou apresentado em baixo contínuo) e embora renuncie à "representatividade" e aos seus poderes evocadores, tenderá nas suas obras de fôlego, como em *O Cravo Bem Temperado* e nas grandes obras para órgão, como *A Oferenda* e *A Arte da Fuga,* para um absolutismo polifónico já abandonado em toda a Europa. A pequena história é elucidativa quando nos mostra o velho Bach a visitar a corte de Frederico II da Prússia, onde os seus filhos já trabalhavam no "novo estilo da sonata" junto de Quantz, que escreveu uns trezentos concertos para a flauta real. Estes descendentes aplicados ficaram aborrecidos ao ver aparecer este *Anachronismus,* como lhe chamavam! Bach foi convidado imediatamente, a compor uma fuga sobre um tema fornecido pelo rei (?). O resultado foi o *Ricercar a seis,* mais tarde inserido em *A Oferenda Musical.* Ficaram de boca aberta! Depois, continuou a produção em série de músicas "simplificadas"... Tinham-se cruzado duas gerações em Potsdam; a história retomava o seu caminho interrompido. Tendo escrito *A Arte da Fuga* (inacabada), Bach morreu. E ficou esquecido durante, pelo menos, um século. Somente alguns "profissionais" – com Beethoven à cabeça – se recordariam dele, bem como alguns românticos verdadeiros (Schumann) ou falsos (Mendelssohn). Mas a música já trilhava outros caminhos. Bach é um fim em si mesmo. Não tem posteridade.

No entanto, legou às gerações, a codificação definitiva da tonalidade (já anteriormente manifestada nos seus predecessores, e reduzida aos dois modos, maior e menor). Trata-se da tonalidade temperada. Embora, de facto, cada um dos modos utilizados antigamente possuísse a sua personalidade própria – pela existência das suas diferenças subtis de intervalos impossíveis de transpor para outros tons – que dava a cada modo um carácter e uma cor específicos, o temperamento [a afinação] igual tornava equivalentes todos os tons, pela divisão da oitava em doze meios tons entendidos como iguais. Bach assegurará a perenidade deste sistema (já usado no século XVIII), com os 48 prelúdios e fugas de *O Cravo Bem Temperado,* em todos os tons. "Progresso", ganho ou perda? Questões falazes e falaciosas. É verdade que se perdeu o "discreto encanto" dos modos antigos e as suas cores específicas, tão belas. Em compensação, abria-se um espaço perfeitamente homogéneo, propício a todas as transposições, a todas as especulações. A fuga bachiana e a sonata clássica são outras tantas apologias da tonalidade universal temperada.

PONTOS DE FIXAÇÃO

*

Enquanto Bach compõe as suas últimas obras-primas, inicia-se a era que é, sem dúvida, a mais ingrata da linguagem musical. Linguagem simples ou, melhor, simplificada, que desafia o génio musical, o único que conseguirá arrancar obras-primas a esta incerteza. Ousamos dizer que se trata daquilo a que se chamará o Classicismo musical e que se reduz – de tal modo é severo o desafio do tempo que passa – a dois compositores excepcionais, nomeadamente, a Haydn e Mozart, que conseguiram assegurar a sua presença tão forte na história (Beethoven, que erradamente é integrado neste Classicismo é, como se verá, um caso à parte).

A ERA CLÁSSICA

A partir da segunda metade do século XVIII, haverá um grande número de compositores de segunda ordem (a começar pelos filhos de Bach), muito satisfeitos por entrarem numa convenção formal tão forte e codificada que bastaria "preencher": a sonata; o próprio material de preenchimento constituir-se-á de figuras melódicas e harmónicas já catalogadas, ou mesmo composto de materiais musicais brutos: escalas e harpejos... Isso tem o aspecto paradoxal e maligno; mas, se repararmos, nunca mais deixaremos de ouvir escalas e harpejos em toda a música pós-barroca (e até não se vai além disso!).

O nascimento da sonata clássica é difícil de definir; provém da suite (através da sonata barroca) cujos movimentos ela reduz a três ou quatro, diversificando as suas tonalidades. Cedo se fixaram – mais na prática do que em teoria – os códigos que regem os seus movimentos, tonalidades e tematismo, nos quais ela desempenhou, graças ao génio de Haydn e Mozart, uma diversidade considerável. O esquema da sonata foi um quadro suficientemente flexível para estimular a imaginação dos seus maiores protagonistas; na verdade, foram precisamente eles quem a reinventaram...

Beethoven salvou a sonata da esclerose orientando-a para «caminhos novos» (como ele disse em 1802) e depois fê-la explodir enquanto quadro formal nas suas últimas obras que têm este nome. A teoria da sonata surgiu quando tudo estava praticamente acabado; os responsáveis foram dois grandes trabalhadores da música: Czerny por volta de 1840-1850, e Riemann no final do século. Por isso, foi recebida nas academias já meio-morta; mas ainda entusiasmou alguns grandes músicos, sobretudo

A LINGUAGEM MUSICAL

alemães, no fim do século XIX, como Brahms e, no domínio sinfónico (que ela também rege), Bruckner ou Mahler; e foi vivendo de excepções até Debussy e Ravel.

Já falámos, no primeiro capítulo desta obra, da unidade real de cada movimento e da unidade problemática da sonata, enquanto conjunto. Falta relembrar que, quando foi privada não só da riqueza polifónica como também da fabulosa liberdade barroca, se tornou bem mais fácil de entender. De facto, é "espessa", mas "monódica": tudo acontece no seu único traçado melódico-harmónico – uma espécie de «cantus firmus estrutural». É por isso que ela continua ainda a ser o produto por excelência de grande consumo de obras do passado, tanto em concerto como em disco, embora nada tenha – mas mesmo absolutamente nada – a ver com o nosso tempo; porque ela foi filha do Iluminismo, pretendia-se que fosse um espelho do «homem completo» que se julgava dever representar e apresentar ao mundo como construtor no alegro, como homem «de sentimento» no adágio e, finalmente, como resolutamente optimista no rondó final, aquele *happy end* obrigatório (o *happy end* como necessidade histórica!). Sendo assim, a sonata é a própria expressão do gosto da burguesia ascendente que acede, depois dos reis e dos seus vizires, aos prazeres musicais indolentes e «democráticos» de uma arte, ainda na véspera reservada às elites (o próprio Bach era membro da Sozietät der musikalischen Wissenschaften, um «clube» fechadíssimo...). Não vamos demorar-nos muito a falar de Mozart (1756-1791) que, por ocasião do bicentenário da sua morte, originou uma glosa superabundante – a não ser para tentar dizer o que esta glosa não diz.

Já aludimos aos «génios» – aos únicos que, com um material empobrecido, chegaram às obras-primas: Mozart é o primeiro. Paradoxo: embora e apesar das aparências Haydn tenha sido, por vezes, um espírito inquieto que brincava com as formas e com a linguagem dos jogos frequentemente perigosos da renovação, o que mais nos admira é que o próprio Mozart não tenha sido um revolucionário; agarrou a música no ponto em que se encontrava e a sonata, tal ou quase como se lhe apresentava. Aparentemente, isso não lhe custava nada e também nada o perturbava. Mas com as fórmulas cadenciais da época (não menos que com alguns gestos harmónicos de uma audácia surpreendente), *parecendo* adoptar estereótipos figurativos e formais, nas escalas e nos harpejos, ele executava, sob o sorriso dos deuses, um jogo secreto, invisível. Ele imprimia a estes materiais «objectivamente» pobres um *deslocamento,* imperceptível, dificilmente detectável pela análise mais cuidadosa (só a audição percebe isso,

PONTOS DE FIXAÇÃO

embora não consiga compreender). Estas torções infinitesimais efectuadas pela mão subtil de Mozart no material absolutamente convencional transfiguram-no e comunicam-lhe uma frescura incomparável. E marcam a diferença entre o esquema, objectivo e analisável, e uma realidade que apenas a escuta ou audição apaixonada pode perceber – e que não deixa de fazer, numa admiração constante.

OS TEMPOS MODERNOS DA MÚSICA

Pretendeu-se assimilar Beethoven (1770-1827) ao «estilo clássico»; mas bem cedo ele se afasta dos seus mestres (Haydn, Salieri e Albrechtsberger), como também se demarcará do estilo reinante, progressiva e inexoravelmente espírito crítico antes de ser espírito revolucionário.

No nosso *Essai sur Beethoven,* já falámos largamente acerca deste compositor, sobre a sua linguagem inovadora e as suas formas renovadas e transformadas, especialmente a da sonata, cujos elementos subverte – a ordem, as figuras, a dialéctica temática, a conduta do tempo musical, as estruturas no interior de cada movimento e a relação dos movimentos no seio da obra toda. Por isso, iremos resumir aqui apenas alguns pontos importantes.

Com Beethoven, começam os tempos modernos da música: sob o signo da dúvida e questionando incessantemente todas as coisas, numa linha da invenção perpétua que lega às gerações futuras. Enfim, Beethoven inaugura uma nova sensibilidade musical, voltada para o futuro; quando ele diz à humanidade, nomeadamente com as suas sinfonias, o que ela *já é,* embora ainda não o saiba, di-lo não na «mensagem» da *Nona Sinfonia,* mas em todas as suas obras, isto é, na sua *linguagem* que poucos tinham compreendido no seu tempo. A violência, o ascendente e a autoridade com que dominava a humanidade em nome de um ideal não têm equivalente na história da música. Nesta quase *libido dominandi* [ânsia ou cupidez de domínio], Beethoven poderia ser comparado a Monteverdi, na linha divisória entre duas eras. Aos modelos musicais clássicos e, utilizando-os pelo que valiam (a sonata), Beethoven não deixou de desferir ataques violentos, com uma força inaudita, até os deformar, transformar e, afinal de contas, os tornar quase irreconhecíveis. Com ele, a sonata fica amputada nas suas simetrias, nas suas repetições, desnecessárias ou estruturais, e no seu optimismo obrigatório consagrado pelo rondó final. As cinco últimas sonatas de Beethoven *não têm rondó,* que é substituído por uma fuga ou por variações; por isso, transforma-se o seu sentido e com ele o fantasma do «homem perfeito» do Iluminismo. Estas obras são

A LINGUAGEM MUSICAL

dramas – dramas não no sentido de um «teatro dos sentimentos», mas dramas novos que Beethoven, longe de procurar resolver, ainda exacerba mais. Testemunhas privilegiadas destes conflitos e, mais em geral, da obsessão polifónica de Beethoven, são as suas fugas, as da *Sonata op. 106* e a *Grande Fuga* para quarteto de cordas. Nestas, acentua-se com uma violência terrível o fosso entre uma polifonia que avança implacavelmente e uma harmonia impotente para a conter. Em compensação, nada disso acontece na Fuga inicial da *opus 131*, o *Quarteto Décimo Quarto,* que analisámos no capítulo anterior. Nele, a fuga revela, numa linguagem tranquila, a última missão de que o compositor a encarregou: ser a disseminadora, através do tempo e do espaço, de uma ideia. É talvez a última fuga da história – pelo menos, a última viva: porque, depois dela, esta forma cairá no academismo, em inúmeras imitações das fugas de Bach, como certas «pinturas à moda antiga» que povoam as escolas de desenho. (Bartok será um dos raros músicos a lembrar-se desta derradeira mensagem beethoveniana, na Fuga inaugural da *Música para Cordas, Percussão e Celesta*).

A maior obsessão de Beethoven é a da unidade da grande forma – obsessão do Renascimento, obsessão moderna. Terá o Romantismo (cujas portas já estão abertas) realmente compreendido este artista que já apontava para mais longe? Beethoven ter-lhe-á trazido algumas dúvidas, revelar-lhe-á poderes de linguagem que o Classicismo ignorava. No plano da forma, são raras as obras que tiraram verdadeiramente as conclusões do seu trabalho de sapa. Schumann, com o seu *Humoresques op. 20* e com a sua *Fantasia op. 17*, e mais ainda Liszt, com a sua *Sonata em si menor,* são os seus herdeiros. Schubert, por ter interiorizado a crise beethoveniana, não a fez repercutir nas suas formas clássicas; Brahms, por si, pretendia-se mais próximo de Beethoven, mas de um Beethoven que já estaria imobilizado na história.

O ROMANTISMO

O Romantismo é uma visão nova do mundo, uma sensibilidade poética, literária e musical; a música é, neste ponto, privilegiada porque encarregada de «exprimir o inexprimível». Para o romântico já não se trata, como no século anterior, de raciocinar, mas de acreditar: num mundo ideal, na bondade e na fraternidade dos homens, na natureza, no amor, no sonho, na verdade do fantasma mais verdadeiro que a realidade (*«I believe in the truth of imagination»*, escrevia Keats [6]). Para além disso,

---

([6]) «Creio na verdade da imaginação».

PONTOS DE FIXAÇÃO

como a realidade – nomeadamente a da Alemanha pequeno-burguesa de então – parece recusar estes idealistas, estes refugiam-se tanto num passado lendário como na poesia popular que alimenta os seus *Lieder* com ritmos de canções de embalar dolorosas ou também, por fim, numa fuga louca para a frente, para a loucura e para a morte. Schubert vive deste exílio, escondendo-se por detrás de formas clássicas e das suas cláusulas tranquilizadoras; mas há uma passagem amarga de maior para menor que trai este seu distanciamento, e nos perturba.

Schumann (1810-1856), o romântico por excelência, é um ser dilacerado entre os seus «duplos», Eusébius e Florestan, nomes com que ele assina, justapostas, as peças, alternadamente melancólicas e exaltadas das suas obras. A sua vida criadora também foi cindida em duas, pelo casamento com Clara que põe termo à tensão, ao desejo e aos desesperos que já desde 1840 se apoderaram dele, para dar lugar a uma vida e a uma obra satisfeitas consigo mesmas, a uma inspiração empalidecida e, por fim, a uma saída para a loucura... Assim, Schumann acabou por juntar--se aos seus irmãos poetas: Hölderlin que se enclausurou durante trinta e seis anos no silêncio, Kleist e Novalis que entraram na noite pela morte.

O próprio Brahms parecia assumir o seu estatuto de grande burguês do Norte: mas nem ele conseguia escapar às vozes secretas da angústia que o visitavam na solidão. Por detrás da solenidade e da solidez pesada das suas sinfonias, esta angústia fala nas harmonias e nas melodias atormentadas dos seus *Lieder*, dos *intermezzi* e das fantasias de piano. Quanto a Mahler (1860-1911), o último romântico e o derradeiro grande sinfonista, procurará reter a fuga do tempo e a da razão pela omnipotência de um aparelho orquestral gigantesco e de uma retórica desmesurada e exageradamente autoritária. Mas enquanto a autoridade ou, até mesmo, o despotismo de Beethoven nas suas sinfonias nos subjugam, em Mahler parecem mais prometedores e espectaculares, mas menos credíveis e, por vezes, irritantes. Pretenderam fazer de Mahler um «moderno», mas o contrário é que é verdade. Mahler agarra-se – com que génio e com que ênfase também! – àquilo de que fugiu e justamente na medida em que sente o presente vacilar – como vacila toda a harmonia tonal e também o conhecimento de si próprio (Freud já tinha começado a disseminar a «peste») e a consciência de um mundo percebido como opaco, impenetrável.

O mais moderno dos românticos é Liszt (1811-1886). Este filho da Hungria, apesar do seu patriotismo exaltado, da sua dupla cultura alemã e francesa, e do facto de Cherubini lhe ter negado o Conservatório por

117

A LINGUAGEM MUSICAL

ser «estrangeiro», é mais francês pela herança que lega de uma nova escrita pianística (de que surgirá Debussy) do que pelos seus antecedentes. De facto, o que significa esta escrita brilhante, de virtuoso, difícil? Será apenas a demonstração de uma técnica pianística transcendente, de um exibicionismo para conquistar as multidões? Há nela muito mais do que isso: uma intenção – mais do que intuição – da pulverização das harmonias no tempo ou de uma busca de «irisações» sonoras consequente de cores, de timbres produzidos pela distribuição ultra-rápida dos ataques. Chegamos aqui à hipótese do timbre como função do tempo de que já falámos longamente no final do capítulo anterior. O estudo *La Campanella* no registo agudo e a lenda de *Saint François de Paule marchant sur les flots* no registo grave são exemplos mais do que demonstrativos desta *concepção temporal do som* que será herdada por Debussy.

Tudo o resto sobre Liszt já foi dito: sobre o seu génio inesgotavelmente inventivo, o seu apego às formas não-fechadas, de uma só voz (*Concertos*), o seu gosto pela imagem e pelo ambiente herdado de Berlioz, as suas vulgaridades tão cativantes (*Rapsódias húngaras*), o seu dom de improvisador, o seu talento louco de pianista endeusado pelas multidões, os seus amores tumultuosos, a sua vida em comum com Marie d'Agoult, condenada pelo «mundo», a sua ligação tardia com a princesa von Sayn--Wittgenstein, piedosa como uma avó, mas que fechava os olhos ao «pecado» (Roma tinha recusado anular o seu casamento), e, por fim – o seu derradeiro golpe de génio! –, o cordão da Ordem Menor cingido em redor dos seus rins ilustres: «*Et maintenant, sauvons notre âme!*» [«E agora vou salvar a minha alma!»]. Quando, mais tarde, se torna o abade Liszt, ficará elegante na sua batina bordada a vermelho e comporá, além das grandes obras religiosas (erradamente, muito poucas vezes executadas), peças de piano visionárias: *Nuages gris, Bagatelle sans tonalité* e *La Lugubre Gondole* que inventa a cor glauca no piano (composta junto de Wagner, em Veneza). Ainda leigo, Liszt foi durante muito tempo Kapellmeister em Weimar, todo-poderoso, rico e generoso (Wagner *"cravava-o"* regularmente). E sobretudo tocava e impunha a música dos seus amigos Berlioz, Chopin e Wagner, nunca deixando de compor. A sua obra-prima absoluta é a *Sonata em si menor* que materializa o fantasma de unidade beethoveniana: é para um único intérprete e a sua temática atravessa-a de ponta a ponta. O tema principal é introduzido pela exposição múltipla da «escala cigana ou zíngara» descendente com a sua segunda aumentada, que abre e encerra a obra na voz baixa, suspendendo o fôlego no *si* grave assim que aflorado:

PONTOS DE FIXAÇÃO

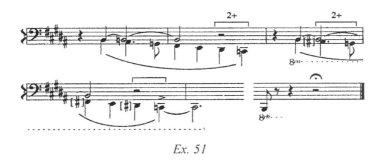

Ex. 51

O que Liszt realiza com a pulverização da matéria sonora pianística, Chopin (1810-1849) obtém pela extrema delicadeza harmónica e melódica próprias da sua sensibilidade musical. Os *Vinte e Quatro Prelúdios,* os *Nocturnos,* os *Estudos op. 10* e *op. 25,* e ainda mais as seis dezenas das suas *Mazurcas* manifestam uma «cambiante harmónica» (Barthes) que só a ele pertence. Ela dá colorido, por assim dizer, a toda a sua obra, desde o jovem *concerto* para piano em *mi menor* até à *Terceira Sonata,* de cores em mudança, «incríveis», como disse Berlioz. Não há dúvida de que se trata de um músico do puro deleite; mas, quando o ouvimos, não imaginemos que a sua espontaneidade lhe foi ditada directamente pelas musas! Chopin era um trabalhador e, ainda mais, um profundo obsessivo, com a mania da meticulosidade, numa busca incessante da perfeição. O mesmo acontecia «na cidade»: elegante, rebuscado, sovina, apaixonado-atormentado, mas guardião severo do seu jardim secreto. Em Nohant (de que não gostava, pois achava que os amigos de Georges Sand eram demasiado «de esquerda» para o seu gosto), ele fechava-se junto do seu piano. Então, «o gorjeio nunca mais acabava», escreve a sua amante, enternecida...

A ÓPERA: UM SEGUNDO FÔLEGO

Voltemos por momentos à ópera. No plano da linguagem musical, ela viveu só de excepções, aliás raras – a não ser que consideremos que a música é apenas uma das suas partes e que uma linguagem pobre se acomodaria melhor a este «todo» que é um espectáculo. Mas Monteverdi, Purcell, Rameau ou Gluck (em certa medida), Mozart no grau máximo, Beethoven uma única vez e por fim Wagner desmentem uma hipótese tão condescendente.

Portanto, a ópera é música, exigência de música, e aos olhos desta exigência, os seus representantes caem como moscas. No século das Luzes há apenas um que, não somente responde a esta exigência, mas que até a

A LINGUAGEM MUSICAL

cria: é Mozart. É o redentor do género, aquele através do qual a ópera vive e encanta. Mas no domínio da música chamada «pura», Mozart não inova absolutamente nada. Conserva a construção da «ópera antiga» com as suas estruturas fechadas, recitativos, árias, intermédios, duos, *ensembles*, etc., e também se interessa pelo *Singspiel* de que a palavra falada participa. Mas dá-lhe plenitude e necessidade orgânica – quer dizer, tão musical como dramática. Além disso, mais do que nunca a ópera aqui é espectáculo e, em primeiro lugar, pela música. *O Rapto, Cosi, Don Giovanni* e *A Flauta Mágica* só são credíveis – e perturbadoras – graças à música que dá à palavra (ela também feliz e propícia ao canto quando assinada por Da Ponte) um alcance que nunca teria sem ela.

O mesmo não acontece com Beethoven. *Fidelio* é uma excepção em toda a sua obra e é na medida em que o autor da *Nona* não é «um compositor de ópera» que esta obra constitui um êxito singular. Penosamente escrita, em três versões sucessivas, *Fidelio* mostra o esforço de renunciar à obsessão que tinham todos os músicos de então em criar uma «ópera alemã», na linha de Mozart. Mas Beethoven não é um homem de teatro nem, em boa verdade, um músico da voz; e, embora tenha êxito, será um pouco contra a corrente, na união de uma orquestra magistral nas vozes, sobretudo no coro: uma espécie de sinfonia cénica. O insucesso perseguiu esta obra («não valerá a coroa dos mártires»), rapidamente marginalizada pela moda e pela vaga italiana (que, aliás, Beethoven odiava).

Da ópera italiana à revolução wagneriana

Com o *bel canto,* mudamos de mentalidade – e de linguagem, que se aproxima do seu grau inferior de elaboração musical. Mas não é assim tão simples... Porque para substituir a indigência do discurso de ópera nesta época, que Mozart e Beethoven tinham conseguido superar, afirma--se a virtuosidade vocal – um acréscimo talvez, mas com um impacto tão violento que obrigou a um deslocamento do sentido da ópera e permitiu que se preenchesse a lacuna deixada pela escrita.

É verdade que os Barrocos já tinham sonhado com a virtuosidade das vozes, e Haendel privilegiara-a (pensemos em *Alcina,* em que as vozes femininas são sujeitas a exigências terríveis). Mozart também se terá divertido com isso, escrevendo papéis «sem medida» para as cantoras à sua disposição (um verdadeiro harém): mas na plenitude musical. Entretanto, Rossini forçava a virtuosidade, conferindo-lhe um interesse que em si suportava o resto. É a composição que utiliza mais o material humano (o das cantoras) do que as notas; revelava nos auditórios, então já

PONTOS DE FIXAÇÃO

enormes, uma sensibilidade quase selvagem para a execução virtuosa. Aliás, historicamente, tal deslocamento (não se ouve Rossini, mas Marylin Horne) não tem nada de extraordinário nem de necessariamente condenável: há uma «virtude» na virtuosidade, que pode ser fonte de fruição; o mesmo fenómeno liga Liszt e Paganini no domínio instrumental. De resto, porque é que de vez em quando não se haverá de dedicar a isso, deixando-se apaixonar por uma execução perfeita e ficar satisfeito com um *dó* agudo conseguido ou cultivar ódios assassinos por um *dó* agudo falhado? A paixão das vozes na ópera é uma paixão estranha e singular, cultivada até à loucura, cega e mesmo surda – somos tentados a dizer –, que é realmente tribal, adoradora (ou devoradora) de ídolos de divas...

De *per si*, este culto da voz foi interpretado de maneira diferente e melhor por Bellini e Verdi. O primeiro (1801-1835) enobreceu-a com uma qualidade melódica excepcional e menos espectacular. Verdi (1813--1901) compensa a facilidade musical da sua linguagem, não isenta de fórmulas e de vulgaridades (entre as quais o famoso *terzinato* ([7]) [conjunto estereotipado de tercinas] é um exemplo típico), por um sentido cénico extraordinário em o que a virtuosidade vocal encontra um contexto equivalente. Pelo seu talento teatral (e mesmo pelo cuidado que põe na «realização» do conteúdo), não há quem, como Verdi, seja capaz de explorar a fundo uma situação dramática, mesmo à custa de uma sobrecarga afectiva insistente e crescente, às vezes puxada até ao insuportável. O segundo acto e a cena final de *La Traviata* são modelos deste trabalho que insiste no sentimento, que fazem sempre o povo chorar, da geral aos camarotes. Não falamos de *Aida,* esta pérola do turismo italiano (com camelos verdadeiros), mas celebremos o último Verdi, com *Otelo* e *Falstaff* (escrito aos vinte e quatro anos) em que tudo, inclusive o tratamento da orquestra, tem uma singular consistência musical e psicológica. Poder--se-á porventura dizer que se sente aqui a influência de Wagner? É conhecida a estima que os unia; apesar disso, trabalharam em domínios de linguagem irreconciliáveis.

Por isso, *já basta de bel canto.* Mas o seu triunfo tem as suas contrapartidas: a Itália teve de pagar o seu preço e ainda continua; desde a abertura do Scala em 1778 até ao fim do século XX, bloqueou a evolução musical deste país. Apesar de tudo, a música actual traçou o seu próprio

---

([7]) O "terzinato" é o estereótipo ridículo «um-pá-pá, um-pá-pá» executado pela orquestra para introduzir (e acompanhar!) uma ária em pleno contexto dramático. É uma das doenças do *bel canto,* nomeadamente verdiano.

A LINGUAGEM MUSICAL

caminho, mas com enormes dificuldades. Bruno Maderna, Luciano Berio e Luigi Nono poderão dizer alguma coisa...

*

O papel de Wagner (1813-1883) na história é capital, não só por causa da revolução da ópera, por mais profunda que tenha sido, mas também e sobretudo por causa da sua revolução da linguagem musical, de pesadas consequências. Neste ponto, não se trata de saber se gostamos ou não de Wagner: as batalhas provocadas pela sua obra pelo mundo inteiro testemunham a atitude apaixonada que suscitou em todos os casos. Trata-se mais de reconhecer que a novidade da música de Wagner é de pasmar, seja qual for o ponto de vista por que a analisemos. Com ela tem de se abandonar a busca tradicional da «filiação». Não há dúvida de que Beethoven foi o seu inspirador, mas de maneira difusa: Wagner meditou sobre o que a obra de Beethoven podia conter de germes invisíveis, sobre o que a música poderia ser depois dele: uma invenção contínua, radical – que realizou sozinho e à sua maneira. Já insistimos fortemente nisso no nosso primeiro capítulo. Falta ainda evocar aqui a empresa gigantesca de Wagner, *O Anel do Nibelungo,* composta de três óperas precedidas de um prólogo e constituindo uma única obra indivisível. Para ser representada, esta obra exigia um local e um protocolo específicos. Wagner consagrou todos os seus esforços para erigir o seu «templo» em Baireute, destinado no seu espírito não só à sua própria glória, mas também à glória da «música do futuro». Não é um paradoxo assim tão pequeno o facto de esta empresa ter alcançado êxito, não obstante os ataques e as campanhas antiwagnerianas em toda a Europa, e que tenha alcançado um estatuto de ritual perpetuado até aos nossos dias, sobrevivendo ao tempo, não menos do que ao nazismo que via em Wagner um apologeta da «raça dos heróis», enquanto oposta à «raça inferior» dos Nibelungos. Todavia, tudo se passou como se Wagner também o tivesse previsto. Em *O Crepúsculo dos Deuses,* o Walhalla arde e desmorona-se (lembremo--nos de que a música fúnebre de Siegfried assinalou os derradeiros dias de existência do *Reich*). Além disso, observando de perto os caracteres dos protagonistas «superiores», vê-se um Wotan *cobarde,* um Siegmund *frouxo,* um Loge *trapaceiro* e um Siegfried *idiota!* É pela mulheres – pela personagem fascinante de Brunilde – que, a nível do libreto (escrito pelo próprio Wagner), a obra tem realmente qualidade. Mas é pela concepção cénica e pela linguagem musical que se inscreve entre as maiores obras-primas da história.

PONTOS DE FIXAÇÃO

*

As óperas de Berlioz (1803-1869) apagam-se por detrás da sua obra orquestral, no meio da qual a *Sinfonia Fantástica* e *Lelio* são as mais conhecidas. Manifestam uma noção problemática, a da «música de programa ou música programática».

O que é uma música de programa? É uma música que atribui aos sons o poder de evocar uma realidade externa, de descrever o visível ou, mesmo, de contar uma história; contudo, um poder ilusório, pelo menos excessivamente limitado, que recorreu muitas vezes a um texto extramusical, escrito ou lido, que impõe ao público um «conteúdo». Processo não só falacioso, mas também autoritário, mesmo que tentado ou proposto de boa fé, e que o público esteja disposto a deixar-se levar por este esforço de «comunicação». Entretanto, uma coisa é certa: esta concepção não sobrecarrega absolutamente nada a estrita qualidade musical da obra, em especial a de Berlioz. Pelo contrário, desempenha aqui um papel de primeira importância, libertando a forma dos seus esquemas preestabelecidos. Ainda que o programa, que a música se empenha por seguir ou por «encher» (!), gere formas inéditas. Eis porquê, parece-nos, as obras de Berlioz passam à posteridade, mesmo depois de esquecido o seu «programa»... O mesmo acontece com a famosa «ideia fixa», tema insistente e recorrente que, tendo partido de uma intenção psicológica, a supera completamente na realidade musical e se constitui geradora de unidade.

DEBUSSY

O maior compositor francês dos tempos modernos (1862-1918) escapa a qualquer filiação. Os seus antecessores não são Berlioz nem Franck, mas Machaut, Monteverdi e Liszt, e os seus descendentes não são os «debussystas» («eles matam-me») nem Ravel, mas Messiaen e Boulez que o compreenderam sem, contudo, o imitar. Ao subverter a harmonia, o ritmo e as formas da sua época, também subverteu *o tempo musical*. Inversamente, ao estruturar um tempo musical novo, subverteu a escuta-audição da música. Mas só meio século mais tarde é que se compreendeu isso. Ele reinventou as relações dos elementos constitutivos da linguagem, criou entre eles novas hierarquias, móveis, em formas inéditas para cada obra. Por isso, a música de Debussy torna caducos os tradicionais instrumentos de investigação: estes mostram-se insignificantes face ao seu movimento perpétuo, mais normativos e estáticos do que nunca. O mesmo

A LINGUAGEM MUSICAL

acontece com as «influências», noção muito cara aos historiadores. É certo que sofreu duas, importantes, mas só para lhes voltar as costas: a de Wagner que descobriu em Viena onde ouviu *Tristão,* e depois em Baireute; e a de Mussorgsky. A primeira deixou traços na sua harmonia, nomeadamente nos *Cinco Poemas de Baudelaire,* compostos antes do final do século XIX. A agressividade com que, seguidamente, Debussy rejeitou Wagner mostra o ascendente exercido nele. A segunda marcou o «recitativo melódico» de *Pelléas* ou, antes, o seu princípio, entretanto completamente repensado e intrinsecamente ligado à prosódia francesa. Com efeito, Debussy estudava então a partitura de *Boris Godunov,* trazida da Rússia por Saint-Saëns. A obra-prima de Mussorgsky (1839-1881) causou-lhe grande impressão, embora o recitativo melódico do russo esteja muito mais próximo de um verdadeiro canto do que do recitativo propriamente dito. A sua harmonia é simples e rude, a melodia fascinante, o dramatismo violento, entre os dois protagonistas da ópera, o povo e o rei assassino. Terá sido – fascínio dos contrastes – esta rudeza harmónica que seduziu o francês? É bem verdade que valeu muito à obra (considerada canhestra) as intervenções correctoras de Rimsky-Korsakov e, depois, de Chostakovitch, que a adocicaram, mudando-lhe não só o aspecto sonoro, mas também o sentido. Foi, evidentemente, a partitura original, publicada no tempo de Mussorgsky (reeditada já nos finais do século XX por Pavel Lamm), que Debussy conheceu e apreciou.

A trajectória criadora de Debussy é de uma unidade poderosa. É já plenamente ele próprio no *Prélude à l'après-midi d'un faune* (1892-1894) e nas *Chansons de Bilitis* (1897). *Pelléas et Mélisande* (cujos primeiros esboços remontam a 1893 e cujos diversos retoques e versões se estendem por dez anos, até 1902, ano da sua primeira representação) teve o sucesso de escândalo – de tão retumbante! – que todos conhecem: no dia seguinte à sua segunda representação Debussy já era célebre.

Pelléas é uma obra absolutamente singular na história moderna e seria preciso remontar ao próprio nascimento da ópera, antes de 1600, para encontrar algo de equivalente, pelo menos ao nível do canto (do recitativo melódico). Em contrapartida, a orquestra, na cena e no quadro, desempenha um papel de caracterização, de qualificação primordial e é onde se processa o movimento constante que domina toda a obra do compositor.

Deixamo-nos hipnotizar demasiado sob o «simbolismo» de Debussy: acreditamos pouco nele, mas sim no apanágio dos textos que ele transpôs

PONTOS DE FIXAÇÃO

para música (como fazer simbolismo com sons?). É certo que a água e os cabelos – obsessões debussyanas – estão presentes na peça; mas estão em toda a sua obra e mais como obsessões sexuais do que estéticas. Os músicos actuais reconhecem a verdadeira natureza da força de Debussy: «Nós hoje consideramos *Pelléas* uma obra-prima insubstituível só porque a estrutura musical – tanto instrumental como vocal – assume nela a plena responsabilidade cénica» (Boulez). *O Mar* (1903-1905) é uma das obras mais importantes de Debussy. Compreende três partes: «Da aurora ao meio-dia no mar», «Jogos de Ondas» e «Diálogo do vento com o mar», títulos que se referem ao campo visual, não tendo nenhuma intenção descritiva. São rigorosos: o primeiro traça uma progressão, em relações de linguagem cada vez mais tensas. O segundo mostra o movimento no estatismo; o terceiro é mais temático, contrastado. A mais significativa destas três partes parece-nos ser «Jogos de Ondas»; o timbre aparece aqui como dimensão primordial; são as cores orquestrais e a sua mudança perpétua que se encarregam do tempo musical.

É ainda o timbre que assume um papel capital nas numerosas obras de piano de Debussy, nos *Prelúdios,* nos dois livros de *Imagens,* nas *Estampas* e, finalmente, nos doze *Estudos* compostos no fim da sua vida. A produção (a escrita) do timbre em geral, e na música de piano em particular (um instrumento considerado «unicolor»), é de uma grande complexidade e já a dissecámos no fim do segundo capítulo deste livro. Acrescentemos – mas com insistência – que a noção de «impressionismo» musical, tantas vezes aplicada a Debussy e outras tantas proclamada, é sumamente arbitrária, dado que se refere, com alguma pertinência, a esta pintura; o que será o impressionismo, senão a arte de fazer aparecer uma forma usando exclusivamente a cor em estado de vibração? Muitos reduzem-no a uma ideia de «esbatido», de «impreciso», de «nevoento», a uma noção vaga; ora, este estado da matéria pictórica só se pode conseguir com a máxima precisão da pincelada.

Dizíamos que Debussy recria o tempo musical, no mesmo sentido em que abole a noção de desenvolvimento, aproximando-se nisso, em certa medida, de Wagner, mas afastando-se da música alemã em geral, baseada no tematismo e no desenvolvimento. Todas as suas obras teste-munham uma invenção permanente da forma, da rejeição da simetria e da repetição a longo prazo (mas não da repetição imediata da frase – da «duplicação»). Vemos tudo isso especialmente no bailado *Jeux* (1913), encomendado por Diaghilev para os «Ballets Russes». *«Jeux* – escreve Boulez – marca o acontecimento de uma forma que, renovando-se inces-

A LINGUAGEM MUSICAL

santemente, implica um modo de audição não menos instantâneo» ([8]). A obra, com as suas consequências compartimentadas é, no entanto – na minha opinião –, tributária da dança para que foi concebida; os seus «números» entendem-se. Neste sentido, «Jogos de Ondas» de *O Mar* vai mais longe; o seu tempo está «aberto», sem nenhum limite perceptível, puro movimento.

Debussy foi um dos músicos mais próximos da poesia e da pintura da sua época e amigo – independentemente de uma desconfiança recíproca – de Mallarmé, cuja mensagem retoma (mensagem de uma morfologia poética perturbada e não de um simbolismo), como também se apodera da mensagem do derradeiro Monet, do Monet das *Nymphéas*. Já não se trata de retórica nem também de figuração, mas da dissolução do temático – que cede o lugar a uma «totalidade de forças dispersas». Acontece que esta frase de Debussy é a própria definição da sua música.

NASCIMENTO DA MODERNIDADE DO SÉCULO XX

Jeux, Le Sacre du printemps, Pierrot lunaire são três obras que, nas vésperas da Primeira Guerra Mundial, marcaram profundamente a música, cada uma à sua maneira.

Stravinsky (1882-1971) está ligado, quanto ao primeiro período da sua vida criadora, aos *Ballets Russes*. Tinha começado por se conformar ao estilo de Rimsky e, ao mesmo tempo, à encomenda de Diaghilev de representar, através de uma música destinada à dança, uma Rússia cheia de cores, Rússia de lendas, de paixões e de barbárie, de que Paris era boa apreciadora. *O Pássaro de Fogo* satisfaz admiravelmente esta encomenda e, ao mesmo tempo, assegurará ao jovem uma notoriedade que o seguirá por toda a vida, independentemente das reviravoltas estilísticas e dos escândalos, dos quais o de *Le Sacre du Printemps* foi o mais memorável.

Deixemos de lado este escândalo que, tendo sido o pasto que alimentou a pequena história, foi sobretudo um mal-entendido entre um público de «primeiras audições» arrancado aos seus velhos hábitos. A mensagem de *A Sagração* está mais na força e na originalidade da sua rítmica electrizante, do que na sua harmonia, conjunto de elementos brutos, mas imensamente eficaz (pode manter-se seis discursos diferentes sobre o acorde-motor dos Áugures primaveris), ou na sua força, em duas partes, respectivamente de sete e de cinco quadros, que segue (ou propõe) o desenvolvi-

---

([8]) Artigo «Debussy», in: *Encyclopédie de la Musique,* Fasquelle, 1958.

PONTOS DE FIXAÇÃO

mento do tema. Contudo, um exame atento da forma revela coincidências entre as duas partes. Se se classificar a tipologia dos trechos em cantos, danças e procissões (como fez o musicólogo russo Jarustovsky em 1961, sem, no entanto, ter ido mais longe) – cantos femininos, danças rápidas e violentas, procissões lentas, de grande complexidade de «formantes» – pode construir-se o esquema seguinte que mostra uma simetria entre as duas partes:

I – Introdução	Áugures	Rapto	Rondas	Cidades	Cortejo do sábio	Adoração	Dança da terra
	D	D	C	D	P	P	D
II – Introdução			Círculos	Glorificação	Evocação	Acção ritual	Dança sagrada
			C	D	P	P	D

D = dança; C = canto; P = procissão

Ex. 52

Estes «quadros da Rússia pagã» (trata-se do sacrifício de uma jovem aos deuses) sugeriram ao compositor a invenção de elementos musicais «arcaizantes» tão belos como convincentes. A obra culmina no último quadro, a Dança Sagrada, com uma rítmica ou, melhor, com uma métrica em mudança constante que, por ser própria do estilo stravinskiano em geral, encontra aqui a sua concretização mais violenta e mais audaciosa ([9]).

Noces, uma obra-prima, marca uma viragem brusca. O que *A Sagração* (1913) tinha de sumptuoso e de poderosamente colorido, *Bodas* (1915- -1921) tinha de despojado, de árido e como que de hierático. Com esta obra vocal (coro, solistas, quatro pianos e percussão) aparece em Stravinsky o elemento ritual próprio da sua música, que habitará as suas obras mais importantes, tanto profanas como religiosas.

Com *Œdipus Rex* (1926-1927) e *Apollon musagète* (1917-1928) entramos no período chamado «neoclássico» de Stravinsky. Podemos afirmar que ele mergulha as suas raízes no gosto do compositor de uma *convenção mediadora* que, pelo distanciamento que implica, o preserva de um «subjectivismo» violentamente denunciado, constituindo um estilo supra-individual e uma *ordem* no meio dos quais a sua imaginação pode ter livre curso. O recurso às formas clássicas é também, em última análise,

---

([9]) A nossa monografia sobre o compositor consagra umas cinquenta páginas à *Sagração* (André Bourourechliev: *Igor Stravinsky,* Fayard, 1982).

A LINGUAGEM MUSICAL

a manifestação de um certo apego obsessivo ao passado, como testemunha toda a produção subsequente de Stravinsky, inclusive a ópera *The Rake's Progress* («A Carreira de um Libertino»).

O contacto de Stravinsky com o serialismo (significativamente, depois da morte de Schönberg, em 1951, que ele considerava inimigo) não deve, contudo, causar-nos admiração: o músico apercebia-se, finalmente, de que a «ordem» serial valia bem a de Rossini, de Tchaikovsky ou de Mozart, e ainda por cima a modernidade. Assim, aos setenta anos, ele adoptou (ou *adaptou* às suas próprias exigências) e viveu um súbito rejuvenescimento (haverá quem lhe chame aniquilamento) das suas forças criadoras. A sua produção entre 1954 e 1966 será serial e essencialmente religiosa. *Canticum sacrum* (1956), *Threni* (1957-1958) e, finalmente, *Requiem Canticles* (1966) são os cumes da música religiosa no século XX.

OS «JUSTOS»

A linhagem alemã, saída de Beethoven através dos românticos e de Wagner termina em Schönberg, Berg e Webern, a «trindade vienense». Já recordámos que foi Schönberg (1874-1951), nascido em Viena e falecido em Los Angeles, que tomou consciência da dissolução da tonalidade, especialmente através da obra de Wagner, e inventou os instrumentos conceptuais capazes de organizar um espaço, a partir de então conhecido como atonal. Quer se adira ou não às consequências estéticas do século XX e sejam quais forem os estados da música nas consciências de hoje, a consideração da viragem trazida por Schönberg e pelos seus prolongamentos na obra dos seus sucessores é inevitável.

É num sentimento tonal completamente enfraquecido que se inscrevem as primeiras obras de Schönberg, *Verkläte Nacht* [Noite transfigurada], o segundo *Quarteto de cordas* (com voz, 1908), *Buch der hängenden Gärten* [Livro dos Jardins Suspensos] (1908-1909), quinze melodias sobre poemas de Stefan George. No mesmo ano de 1909, nascem as *Cinq Pièces pour orchestre op. 16* e o monodrama *Erwartung op. 17* que ainda hoje mantêm intacto o seu poder expressivo. Estas obras marcam a tomada de consciência profunda da atonalidade por parte de Schönberg, não menos do que a sua própria «investidura» fantasmática, a partir daí, de uma «missão» – levar mais longe os destinos da música alemã. Quer dizer, o seu carácter agressivo, autoritário, com fortes tendências paranóicas próprias dos «justos» e dos «mártires» da história – de facto, próprias de todos os líderes. *Pierrot lunaire* (1912) para *Sprechgesang* (canto falado) e alguns instrumentos encerra a etapa decisiva – que já estava em *Erwar-*

PONTOS DE FIXAÇÃO

tung. O compositor rebenta a ponte que o ligava à harmonia do passado. Esse gesto é voluntário e definitivo.

Pierrot, composto em Berlim, reflecte, além do seu princípio atonal, a época do Expressionismo alemão, no seu apogeu no grupo *Die Brücke* (A Ponte), entre 1905 e 1913, com os pintores Nolde, Kirchner, Schmitt-Rottluf, etc. Violência, exagero da representação (pensa-se no precursor Edvard Munch e no seu quadro *O Grito*) e sobretudo deformação – mas «exacta» – da realidade (*«verzerrt, aber richtig verzerrt»*). Exacto: quer dizer dependente de um projecto estrutural preciso. Esta corrente prolongava-se no projecto do *Blau Reiter* (Cavaleiro Azul) de Munique, de que Schönberg estava particularmente próximo. Entretanto, nem estes pintores nem o próprio Schönberg renunciaram às suas ligações à realidade, mesmo que esta fosse deformada, traduzida em termos de sarcasmo e de morte. Aliás, Schönberg nunca abandonou este sentimento de luto subjacente – o fantasma de uma «idade de ouro» perdido para sempre (que já Mahler sentia de maneira tão aguda). Quer dizer, a dilaceração interior deste homem perante um mundo prestes a desmoronar-se, a que ele tinha dado o golpe de misericórdia, e a sua angústia diante do caos que este desabamento permitia ver. Contudo, um caos mais teórico do que real, porque as obras-primas de Schönberg até 1914 (inclusive os *Lieder* com grande orquestra *op. 22*) estão perfeitamente dominadas e entre as suas mais belas.

O compositor iria prosseguir a sua caminhada de pesquisa e meditar longamente nas modalidades de uma organização geral do espaço atonal. Entre 1915 e 1923, conservando a actividade pedagógica a que se agarrava firmemente, iria manter-se em silêncio – decisão afirmada subitamente, segundo parecia, de que se recordavam com um terror sagrado os seus alunos. Parece que Schönberg deixou bruscamente o jardim em que o grupo estava sentado, para entrar literalmente neste silêncio de oito anos. Lenda?

A verdade é que em 1923 aparecia, na última das *Cinco Peças para Piano op. 23*, a primeira série dodecafónica – série dos doze sons da escala cromática reunidos numa ordem livre, sempre a mesma e sem repetições (já falámos longamente acerca dos mecanismos do sistema serial no capítulo primeiro).

Perante a ascensão do nazismo (como judeu, professava publicamente a sua religião, em sinal de protesto e solidariedade), Schönberg escolhe, como Bartok, o exílio nos Estados Unidos, exílio que lhe foi, como também para Bartok, pouco favorável à criação. Mais favorecido do que

A LINGUAGEM MUSICAL

este último no plano material (tinha uma cadeira de composição na universidade de Los Angeles), o músico compõe obras em que regressa à tonalidade, o que as novas gerações denunciaram como uma «abdicação» – e com alguma razão, pelo menos à primeira vista (Stockhausen repensou este regresso em termos tecnicamente interessantes, impossíveis de expor aqui). Além disso, no espírito de Schönberg tratava-se de encontrar uma continuidade com o passado – uma continuidade, por assim dizer, subterrânea, – porque Schönberg nunca tinha abandonado a nostalgia dele nem, aparentemente, se deixara resignar. Mas o seu gesto de ruptura fora realmente irreversível. Nada é mais trágico ouvir do que o seu *Tema e Variações op. 43b* (1943), por exemplo, em que aparece em toda a sua gritante discordância de duas linguagens incompatíveis, e o sofrimento intenso de um homem que, agora no fim da sua vida criadora, tinha marcado mais do que qualquer outro a música do século XX.

Alban Berg (1885-1935), vienense genuíno, estudou com Schönberg de 1904 a 1910. Alto e belo – quem não conhece os seus retratos (um dos quais pintado pelo próprio Schönberg) e as suas fotografias? –, a sua música assemelha-se-lhe. É o grande «romântico» dos três vienenses, pelo menos o mais extrovertido – porque saíram todos do Romantismo. Berg foi também o mais virtuoso dos três na sua escrita, mestre perfeito tanto da grande forma como do mínimo pormenor, e orquestrador incomparável. O que marca a sua singularidade – que deve ser sempre reestudada – é o seu desejo e a sua capacidade de criar uma identidade do maior e do mais pequeno, de tecer as suas obras de maior amplitude com um conjunto de correspondências secretas. Visíveis na leitura das suas partituras, menos perceptíveis na audição, não se trata tanto de as identificar (salvo quando o compositor explicitamente o deseja), quanto de as *sentir*. O papel desta «pan-unidade» será, em *Wozzeck* (1917-1921), confiada à temática, um pouco como na rede dos *leitmotive* wagnerianos, mas em variações infinitamente mais ousadas do que em Wagner, até ao irreconhecível. Variações que, além disso, permite a Berg estabelecer, ao longo do texto, um sistema de figuras (linhas, círculos, ritmos obsessivos, ideias fixas, etc.), carregadas de representações simbólicas ([10]).

A esta postura técnica e estética, já de si geradora de unidade, junta-se um princípio de composição de conjunto que tem por finalidade tornar mais solida a organização do espaço atonal (lembremo-nos de que a série,

---

([10]) Pierre Jean Jouve, na sua obra *Wozzeck ou le dernier opéra,* utiliza uma glosa excessiva e quase indecente sobre as representações simbólicas (Plon, 1953).

PONTOS DE FIXAÇÃO

de 1923, ainda não tinha sido inventada). Berg também decidiu submeter cada um dos três actos de *Wozzeck* – que, no seu espírito, corresponde a uma exposição, a uma peripécia e a uma catástrofe – a esquemas formais conhecidos. Assim, o primeiro acto compõe-se de uma Suite, de uma Rapsódia, de uma Marcha Militar, de uma Passacalha e de um *Andante affectuoso;* o segundo acto é uma Sonata que compreende um Alegro, Fantasia e Fuga, Largo, Scherzo e Rondó marcial; o terceiro acto é mais livre e comporta cinco Invenções: sobre um tema, sobre uma nota (o *si* aterrador da morte de Maria, a heroína assassinada pelo «pobre soldado Wozzeck»), sobre um ritmo, sobre um acorde ou sobre um movimento perpétuo. Estas formas são outras tantas referências à música clássica com a qual Berg desejava continuar a manter laços. Contudo, embora não se considerando identificadas, desempenham um papel oculto na percepção.

Com *Lulu,* o sistema de organização vai ainda mais longe: uma série dodecafónica atravessa e unifica toda a obra. Deste modo, as formas clássicas são abolidas ou ficam pelo menos mais reduzidas, mais fortes e mais secretas: a sonata e o rondó são ligados às principais personagens e usadas com uma arte magistral. A técnica serial, por vezes simplíssima e frequentemente demasiado complexa, encarrega-se desta identidade entre o mais pequeno e o mais vasto, característica das pesquisas de Berg; também serve para caracterizar fortemente cada uma das personagens, por intermédio de séries completamente deduzidas da série fundamental.

Wozzeck, depois de um longo período de letargia (Paris só a conheceu em 1952), invadiu os palcos do mundo inteiro. Há quem a considere a «última ópera» (P. J. Jouve e Boulez); a história desmente esta afirmação.

A odisseia de *Lulu* – que ficou inacabada no seu III acto – é mais desconcertante. De um dramatismo menos directamente acessível, mais complexa ou até mais complicada na sua linguagem, a obra foi objecto de vaticínios sombrios: «Demasiado marcada pela estética "expressionista" de 1920, é de temer que esta ópera nem sequer tenha história quanto mais vir a fazer história», escreve Boulez ([11]). Ora, depois de 1976, aconteceu uma espécie de milagre, que mudou esta óptica e contribuiu para

---

([11]) Artigo «Berg» na *Encyclopédie* já citada (Fasquelle, 1958). Cremos que, nesta circunstância, Boulez enreda-se num jogo de palavras. Porque, de um lado, a ópera não tem nada de "expressionismo" (estava-se, então, nos anos trinta do século XX) e, de outro lado, na época do artigo, ainda permanecia inacabada. Aliás, foi Boulez quem dirigiu – com mão de mestre – a "criação" da versão completa na Ópera de Paris.

A LINGUAGEM MUSICAL

a passagem da obra por todo o mundo (o sucesso de *Lulu* não estará a ultrapassar, actualmente, o de *Wozzeck?*). Mas foi só depois da morte de Helen Berg, que tinha proibido todas as tentativas de intervenção póstuma, que as Éditions Universal confiaram a conclusão da obra a Friedrich Cerha, que se encarregou desta tarefa de maneira exemplar. A criação da obra assim completada, no dia 14 de Fevereiro de 1979, na Ópera de Paris, dirigida pelo próprio Boulez com uma encenação de Chéreau, revelava a sua plenitude: como se (ou, antes, *porque*) o III acto brotasse «retrospectivamente» sobre um conjunto sem cronologia, sobre uma *Gestalt.*

Anton Webern (1883-1945) parecia ser «o mais jovem» dos três vienenses; mas, de facto, ele é dois anos mais velho do que Berg. No entanto, foram a sua morte prematura e a sua obra revolucionária que estiveram na origem desta impressão. Porque, se bem que a descoberta da série por Schönberg se inscreva no quadro de formas tradicionais e a própria respiração da música de Berg o ligue ao Romantismo, a obra de Webern não tem nenhum quadro preestabelecido, nenhuma incidência ou sobrevivência do passado (exceptuando alguns pequeníssimos vestígios). Webern escreveu em páginas em branco.

Falou-se muito do «silêncio weberniano» – desconhecendo-se o que é e onde o procurar. É verdade que a sua música se caracteriza pela pausa e pela inspiração; mas também não acontece o mesmo com Mozart? Contudo, no discurso persistente acerca deste silêncio alguma coisa se quererá dizer (tal como afirmações acerca da «melodia infinita» de Wagner, já referidas, que tentam exprimir um espaço infinito). Mas aqui, trata-se do facto de a música de Webern estar suspensa no silêncio, de ele ser o seu fundo, como fantasma de um silêncio primordial. É sobre esse silêncio que Webern inscreve o sinal musical como se fosse o primeiro sinal, posto num espaço-tempo absolutamente virgem em todos os aspectos.

Costuma distinguir-se dois Webern: o pré-serial até à *opus 16*, e o serial a partir da *opus 17*, e separá-los, concedendo uma certa condescendência ao primeiro, mais sedutor (actualmente dir-se-ia mais *soft*), de acesso relativamente fácil. Mas esta distinção passou de moda. Hoje é bem evidente a continuidade entre um e outro, bem como os respectivos méritos – podendo conceder-se alguma vantagem ao primeiro, por se aventurar e trabalhar num espaço ainda sem nenhum apoio; e, na medida em que a sua sedução é, justamente, um facto poético incomparável que parece não se ligar a qualquer ascetismo conhecido.

PONTOS DE FIXAÇÃO

O Webern das primeiras *opera* afirma-se nas *Cinco Peças para Quarteto de Cordas* op. 5 prolonga-se nas *Peças de Orquestra op. 6* que se dedicam a um ambiente trágico de rara tensão; as *Seis Peças para Orquestra op. 10* já estão mais depuradas e com uma delicadeza sonora inédita, assim como as *Seis Bagatelas op. 9* e as *Peças para Violoncelo op. 11* – todas estas obras são de uma brevidade desconhecida até então: a terceira peça da *opus 11* tem apenas dez compassos. Acerca destas obras, Schönberg dirá (no seu prefácio a *Bagatelas*) que Webern é capaz de condensar «um romance numa pausa». Esta brevidade é não só uma recusa a desenvolver (porque Webern, como Debussy, não desenvolve), mas também e sobretudo o fruto de uma concentração extrema do pensamento e do material que lhe é adequado. Ela não é o mais pequeno dos encantos desta música feita de aparições fugazes, num espaço que desconhece a gravidade e num tempo que ignora a própria consciência do tempo. Quando estamos a ouvir uma peça de Webern, estamos num instante sem duração.

O Webern serial surge-nos de uma importância sem dúvida capital, não tanto por razões de «coerência», de «rigor» ou de «controle mais exigente» (Boulez), qualidades evidentes, mas pelas condições de abstracção que o compositor impõe à sua concretização da série. Queremos dizer que não só Webern repudia qualquer vestígio de tematismo serial (ao contrário do seu discípulo e amigo Berg) mas, sobretudo, que concebe a série como um programa no sentido mais moderno do termo: como uma estrutura abstracta que rege comportamentos possíveis e múltiplos em que a encarnação sonora concreta intervém como um gesto secundário. Consequentemente, aparece aqui a fugacidade do futuro do serialismo, tal como foi transmitido por Webern e repensado pelas gerações da segunda metade do século XX (mas já no próprio Webern, nas suas últimas obras especialmente na *Segunda Cantata*). Será nas mãos desta geração, chamada «pós-weberniana», que o serialismo expirará, depois de meio século de existência.

*

Os compositores da geração nascida nos anos vinte e seguintes do século XX ainda não pertencem à história, embora eles próprios tenham querido escrevê-la e, em parte, tenham conseguido fazê-lo. Trata-se de músicos vivos que ainda não disseram a sua última palavra e que evoluem, mudando de opções e de linguagem: por isso, o seu lugar não é aqui – todavia estão presentes ao longo dos capítulos precedentes.

ÍNDICE

1. A LINGUAGEM MUSICAL 7
  A música é uma linguagem? 8
  Exprimirá a música sentimentos? 10
  Palavra e música 12
  A definição como programa de prospecção 16
  A diferença 18
  Elementos musicais e diferença 18
  Redefinir o ritmo 26
  Modelos de funcionamento: o curto prazo 27
  Funcionamento e hierarquias no sistema tonal 27
  Hierarquias 28
  O sistema tonal 29
  Evolução do sistema tonal 31
  O papel de Wagner 31
  A linguagem atonal e serial 33
  O longo prazo 37
  Cláusulas do discurso 39
  O intérprete, o ouvinte 44
  A forma – As formas 47
  As formas abertas 52

2. DA LINGUAGEM À OBRA 55
  A ópera 58
  Do Orfeu *de Monteverdi* à Lulu *de Berg* 58
  A sinfonia [clássica] 63
  Uma certeza (Beethoven) e uma interrogação (Bruckner)...... 63

O *Lied* 68
Um Mitternacht *de Mahler* 68
O quarteto 69
A variação 75
Obras singulares de hoje e de ontem 78
Stockhausen 78
Debussy e o timbre 88

3. PONTOS DE FIXAÇÃO 93
O corpo solitário 94
Um modelo fundador 96
A cidade fala 97
O Papa e a estética musical 98
Uma renascença musical? 100
A grande polifonia 101
A música do futuro 102
Ao serviço da palavra 105
A grande viragem 106
Ópera, ópera... 108
Um génio fora da história 111
A era clássica 113
Os tempos modernos da música 115
O romantismo 116
A ópera, um segundo fôlego 119
Da ópera italiana à revolução wagneriana 120
Debussy 123
Nascimento da modernidade do século XX 126
Os "justos" 130

Impressão e acabamento
da
CASAGRAF - Artes Gráficas Unipessoal, Lda.
para
EDIÇÕES 70, LDA.
Abril de 2003